COLLECTION
FOLIO BILINGUE

Tirso de Molina

El Burlador de Sevilla y convidado de piedra

Comedia famosa

Le Trompeur de Séville et l'Invité de pierre

Comedia fameuse

Traduit de l'espagnol, préfacé et annoté par Henri Larose

Gallimard

Tirso de Molina (1579-1648) est le pseudonyme de frère Gabriel Téllez : né à Madrid, il est entré dans l'ordre de la Merci en 1600. On trouve trace de son passage dans de très nombreuses villes du royaume de Castille avec, comme étapes principales, Séville, d'où il s'embarque pour un séjour de deux ans à Saint-Domingue (1616-1618), et Madrid, où tout en assumant de hautes charges inhérentes à sa vie monastique, il connaît ses plus intenses heures de gloire littéraire (1620-1625). Mais un édit le condamne en 1625 à l'exil, en tant qu'auteur de pièces profanes et source de mauvais exemple. De son œuvre abondante (plus de quatre cents pièces), il ne reste à ce jour que six *autos sacramentales* (pièce en un acte ayant pour thème le mystère de l'Eucharistie) pour son œuvre sacrée et quelque quatre-vingts pièces pour son œuvre profane, parmi lesquelles *Don Gil aux chausses vertes* (1615), *Le Timide au palais* (1624), *Le Trompeur de Séville et l'Invité de pierre* (1630), *La Vengeance de Tamar* (1632). Tirso de Molina meurt en Espagne, à Almazán, en 1648.

PRÉFACE

C'est en 1630 qu'apparaît en Espagne une pièce intitulée El burlador de Sevilla y convidado de piedra (Le Trompeur de Séville et l'Invité de pierre). *La pièce est publiée en même temps et dans le même recueil qu'un ensemble d'œuvres attribuées à Tirso de Molina. Elle a été représentée, nous dit le sous-titre de l'édition, par une troupe dont le directeur était Roque de Figueroa. Il a été d'autre part démontré que l'œuvre avait été jouée auparavant, en 1625, à Naples, ce qui donne à penser que, écrite vers 1620, elle a connu tout d'abord un succès indiscutable en Espagne même. Dans cette pièce, et, semble-t-il, pour la première fois en Europe, apparaît le personnage de don Juan, point de départ d'un mythe dont la fortune s'est perpétuée jusqu'au* XX*e* *siècle.*

Le mythe de don Juan est si fort, les ouvrages que le personnage a inspirés si nombreux, qu'ils ont rejeté dans l'ombre une pièce qui en est pourtant l'origine. Il s'agit donc, ici, de donner une idée aussi exacte que possible de cette pièce et du personnage qui en est le héros. Il s'agit également de replacer l'un et l'autre dans le contexte qui les a vus naître : l'Espagne du XVII*e* *siècle. Plus précisément encore, l'Espagne des années 1610-1640. On passe du règne de Philippe III à celui de Philippe IV. La* *société évolue. Évolue également la place occupée par la monarchie Très Catholique en Europe. Parler de décadence est peut-être aller vite. Parler de crise de puissance et de conscience, de perte de confiance de l'ensemble des classes dirigeantes dans l'avenir immanent — c'est-à-dire politique — de l'Espagne et de ses dépendances mondiales est beaucoup plus juste. Le reflet de cette situation se retrouve partout dans* Le Trompeur de Séville. *Toutes les instances humaines y sont montrées corrompues ou perverties, et le recours à la transcendance est nécessaire pour terminer l'action et pour retrouver l'ordre — du moins apparent — d'une société peu sûre d'elle-même et des valeurs théologico-politiques qui constituent ses bases. De sorte que la statue du commandeur constitue le véritable* deus ex machina *du dénouement.*

La première journée, comme le veut la tradition dans la comedia *depuis Lope de Vega, est celle où se noue l'action. Elle ne brosse pas seulement les arrière-plans théologico-politiques de la pièce — rois sans volonté, noblesse décadente, jeunesse dissolue et ministres corrompus —, mais pose aussi les fondements d'une architecture dramatique : mouvement perpétuel, déplacements constants de don Juan sur route et sur mer, et ce faisant, d'est en ouest, de Naples à Lisbonne, équilibre suggéré entre le destin méditerranéen de la maison d'Aragon et les ouvertures atlantiques de la Castille. On y voit également se dessiner l'éventail des conquêtes de don Juan et leur double appartenance : une aristocrate, Isabela, avec laquelle la dissimulation et l'incognito sont de rigueur, une pêcheuse, Tisbea, et une paysanne, Aminta, auxquelles on fait miroiter l'avantage d'être l'épouse d'un grand seigneur. Avec elles interviennent deux leitmotive de la pièce que la postérité retiendra : la promesse de mariage, sous le signe de la main offerte (promesse que don Juan se promet bien de ne pas tenir) et le dédain orgueilleux, qui est vanité de jeunesse, pour la fuite du temps : « vous me laissez un bien long répit ». Mensonge envers les humains, mépris de la loi du temps qui fuit, cela signifie insulte et défi à Dieu. Tout est en place : aux signes du texte, mis en actes par des représentations, correspondent des significations précises dans l'ordre politique, moral et théologique, qui définissent la société espagnole et, au-delà d'elle, la société européenne du* XVIIe *siècle. Ajoutons avec Didier Souiller*[1] *que la disposition scénique donne, dès cette première journée, un harmonieux équilibre entre les palais, soit à Naples, soit à Séville, lieux clos, et l'espace, à la fois terrestre, marin et céleste, triplement ouvert, de la plage de Tarragone, deux fois représentée.*

La deuxième journée offre une très grande intensité dramatique, puisque, avec le duel qui oppose don Juan à don Gonzalo et la mort du commandeur, elle scelle le nœud de l'action et le destin du héros, qui ne peut plus choisir, mû par une fatalité tragique. Elle présente également une grande diversité de lieux, de ton et d'atmosphère : les rues mal famées de Séville, où don Juan et son compère et victime, Mota, vont duper les prostituées, le village de Dos Hermanas, où se célèbrent des noces paysannes, en passant par le palais du commandeur. Après avoir tué ce dernier et berné Mota, don Juan, sans remords ni scrupule, fuit une fois de plus, et cette nouvelle fuite lui donne l'occasion d'une nouvelle tromperie, lui offre deux nouvelles victimes et le précipite vers son destin et la catastrophe finale.

Il convient d'observer, ceci est important, que don Juan fait toujours, à chaque tromperie, deux victimes : la première est une femme, qu'il possède par ruse et mensonge ; mais la deuxième est toujours un homme : amant, mari,

1. *Tirso de Molina. El Burlador de Sevilla,* Klincksieck, Paris, 1993, p. 33-37.

fiancé, père. Dans l'épisode de Tisbea, le père de la belle pêcheuse est aussi offensé que l'amoureux éconduit; lors de l'aventure avec doña Ana, le père, commandeur de Calatrava, est tué, et Mora, amoureux et cousin de cette dame, injustement accusé et mis en péril de mort; enfin, dans l'aventure de Dos Hermanas, qui se poursuit au cours de la troisième journée, le mari et le père de la jeune promise, Aminta, paysans aussi falots et veules l'un que l'autre, seront également trompés et déshonorés.

La troisième journée est, comme l'exigent les règles de la comedia, *celle du dénouement. Cependant, du point de vue de l'architecture interne de la pièce et de son équilibre, elle est solidement liée à la précédente par la logique de l'action. En effet, elle débute par la poursuite de l'intervention brutale de don Juan dans les noces campagnardes. Don Juan a décidé de posséder la mariée et il convient de bien apprécier toutes les significations de cette nouvelle intrigue. On pourrait penser à la reprise par Tirso de Molina du thème, cher à Lope de Vega, des paysans dignes et nobles qu'un aristocrate perverti s'efforce, en vain, de dégrader.* Fuente Ovejuna *est le modèle du genre. Manichéisme absolu : tandis que les courtisans et autres nobles sont dissolus car la ville, ou* corte, *pervertit, les paysans, eux, sont sains et vertueux, car la campagne,* la aldea, *purifie. Ici, tout est bien différent. Tirso de Molina dépeint des paysans peureux, attirés par tout ce qui brille, et bêtement émerveillés devant la prestance physique et les avantages sociaux d'un jeune seigneur. Le père, surtout, se montre soumis et consentant. Le fiancé, s'il manifeste ses craintes, n'a ni le courage ni la lucidité de Frondoso, le héros de Lope de Vega. Ici, tout est impur. Quant à la fiancée, mal conseillée par une amie qui lui fait office de suivante, elle se laisse vite berner par le séducteur. Être dame à la ville ne lui déplairait pas.*

Tirso de Molina porte donc sur la société de son temps un regard beaucoup plus pessimiste, mais aussi plus nuancé, que celui de Lope de Vega, qui, lui, veut donner aux spectateurs l'image d'une Espagne où le peuple est sain et où les souverains sont justes. La satire n'épargne personne, et les noces villageoises tiennent de la caricature. Serait-ce que don Juan pourrit tout ce qu'il côtoie ? Peut-être. En vérité, don Juan ne constitue pas une exception, mais un exemple caractéristique. Les traits de son personnage sont portés à l'extrême : il s'agit là d'une nécessité théâtrale, et c'est elle qui donnera naissance au mythe. Don Juan, comme tous les autres héros de la pièce, est le produit d'une époque, d'un esprit, de l'état de toute une société. Le thème baroque des vanités, dans l'Espagne du XVII*e siècle, traduit l'usure des valeurs traditionnelles des monarchies théocratiques que le Moyen Âge et la Renaissance avaient instaurées ; mais il exprime aussi la terreur de l'homme, sans grande espérance devant un au-delà auquel il croit encore, mais qui ne lui donne plus la sérénité d'autrefois. Dans cette pièce, si la Foi demeure encore chez de nombreux personnages, l'Espérance et la Charité semblent avoir disparu. Cet au-delà terrifiant, le voici, juste après la dernière conquête de don Juan et son dernier affront fait aux hommes lors de la noce paysanne. L'au-delà, c'est l'invité de pierre, qui, renversant les rôles, s'invite chez don Juan et invite don Juan. Tandis que celui-ci était le seul metteur en scène et menait la danse, dans les deux premières journées et jusqu'au début de la troisième, c'est maintenant le commandeur qui dirige les opérations. Celui qui a les cartes en main, c'est l'homme mort dont se moquait le jeune dissolu. Et, parce qu'il est mort en homme juste et courageux, il a maintenant le pouvoir, car il a pour lui l'éternité. Face à cette terrible intervention de la Providence, le dramaturge, fuyant les simplifications réductrices, semble laisser à don Juan une dernière* *vertu, celle qui appartient par excellence à la noblesse, le courage physique accompagné de la fermeté d'esprit. Mais ce courage est mêlé à l'aveuglement, à l'entêtement hautain de l'aristocrate et à la témérité de la jeunesse trop sûre d'elle. Don Juan, le texte le montre sans ambiguïté, domine son épouvante, ce que ne fait pas Catalinón, son valet. D'ailleurs il est clair, du point de vue scénique, que l'agitation et les manifestations de terreur, chez ce dernier, visent à bien mettre en valeur le sang-froid du maître. Don Juan — le texte sur ce point est également formel — demande confession.*

Ce détail important, beaucoup de lecteurs ou de spectateurs de la pièce ne l'ont pas remarqué. C'est qu'en Espagne et en Europe la pièce de Tirso de Molina est vite relayée par d'autres œuvres, écrites par d'autres auteurs sur le même sujet. Dans ces pièces, la demande de confession disparaît. Jean Rousset, dans Le Mythe de Don Juan[1], *souligne très précisément ce point. Il constate également, comme nous le faisons, que tous les autres don Juan, au* XVIIe *et au* XVIIIe *siècle, seront non seulement des incroyants, mais des « esprits forts », c'est-à-dire des libres penseurs déclarés. Ici, don Juan demande confession, mais cette confession lui est refusée, ce que laissaient prévoir toutes les menaces, tous les conseils formulés soit par les femmes qu'il trompe, soit par Catalinón, soit par son propre père. Mais que penser de cette ultime requête ? Exprime-t-elle un reste de sentiment religieux ? Ne serait-elle pas, tout simplement, l'effet d'une terreur épouvantable qui balaie les derniers vestiges d'un noble courage dont voulait se parer le jeune dissolu ? Un courage qui d'ailleurs ne se manifestait que devant des adversaires bien peu dangereux : villageois sans pratique du métier des armes et prêts à se*

1. *Le Mythe de Don Juan*, Armand Colin, 1976, p. 34-36.

vendre avec femmes et filles, commandeur « jadis tant à craindre », comme eût dit Corneille, mais que l'âge a rendu bien inoffensif. Cette dernière hypothèse serait en accord avec le sens général d'une pièce qui nous donne à connaître la décomposition d'une société et la débâcle de ses valeurs.

La fin de la troisième journée, après la disparition du monstre, n'est plus occupée que par les suites de l'événement ; chacun s'explique devant le roi, et Catalinón, messager de bonne nouvelle, permet à ce dernier de donner le signal tant attendu d'un dénouement heureux auquel il n'a nullement pris part et que le Ciel seul, sous l'apparence de la statue de pierre, a permis. Sans avancer de trop hasardeuses hypothèses, constatons simplement qu'il y a là une nette distinction entre le Dieu des chrétiens et son représentant naturel sur la terre, le roi, et singulièrement le Roi Très Catholique. Tirso de Molina percevrait-il et stigmatiserait-il une faille dans l'ordre établi de la monarchie théocratique ?

Telles sont donc quelques-unes des questions qu'a portées à la scène, à l'intention d'un public averti, Le Trompeur de Séville et l'Invité de pierre. *Elles sont tout imprégnées de l'air du temps, c'est-à-dire des grands problèmes politiques, sociaux et métaphysiques que l'on se posait alors en Espagne et dans toute l'Europe. Par la suite, le héros va se détacher de ce contexte historique et idéologique où Tirso l'avait enraciné. Chacun des créateurs qui s'en empareront traitera à sa manière un personnage devenu un mythe universel.*

Henri Larose

NOTE BIBLIOGRAPHIQUE : ÉDITIONS

Les deux premières éditions figurent dans les recueils collectifs suivants :

El burlador de Sevilla y combidado de Piedra, Comedia Famosa del Maestro Tirso de Molina, dans *Doze Comedias nuevas de Lope de Vega Carpio y otros autores, segunda parte,* Barcelone, 1630.

El burlador de Sevilla y combidado de Piedra, dans un ensemble de pièces sans numérotation intitulé : *Sexta Parte de comedias nuevas de los mejores ingenios de España,* Madrid, 1649.

Pièce isolée :

Tan largo me lo fiáis, édition *suelta,* sans date ni lieu.

Les principales éditions du XIXe siècle sont les suivantes :

El burlador de Sevilla, dans *Tesoro del teatro español* [...], éd. E. de Ochoa, Paris, 1838.

El burlador de Sevilla, dans *Tesoro escogido de Fray Gabriel Téllez,* éd. J. E. Hartzenbusch, Madrid, 1839-1842.

El burlador de Sevilla, dans *Comedias escogidas de Tirso de Molina,* éd. J. E. Hartzenbusch, Madrid, 1848.

Parmi les éditions du XXe siècle, citons :

El burlador de Sevilla, dans *Obras de Tirso de Molina,* éd. A. Castro, 1948 (la première édition est de 1910, revue à diverses reprises).

—, éd. bilingue de P. Guenoun, Paris, 1962.

El burlador de Sevilla y convidado de piedra, éd. J. Casalduero, Madrid, 1977.

—, éd. X. Fernández, Madrid, 1982.

—, éd. L. Vázquez, Madrid, 1989.

El burlador de Sevilla, éd. I. Arellano, 16e éd., Madrid, 1991.

Atribuido a Tirso de Molina : El Burlador de Sevilla, éd. A. Rodríguez López-Vázquez, 5e éd., Madrid, 1992.
El burlador de Sevilla, éd. M. Sánchez Sánchez, Madrid, 1997.

NOTE SUR LA TRADUCTION

Notre traduction a été établie à partir des diverses éditions citées dans la Note bibliographique. Notre reconnaissance à Jean Canavaggio et Robert Marrast, dont les suggestions nous ont été très profitables.

HENRI LAROSE

El Burlador de Sevilla y convidado de piedra

Comedia famosa

Le Trompeur[1] de Séville et l'Invité de pierre

Comedia[2] fameuse

1. Nous traduisons *burlador* par « trompeur », mot employé par d'autres traducteurs et qui ne nous semble pas faire faux sens. En effet, si don Juan est, comme il le proclame lui-même, le « châtiment des femmes », il ne se contente pas d'abuser ces dernières. Il se moque de tous, des hommes comme des femmes, des paysans comme des nobles. Il trompe son monde et trompe tout le monde. *Littré*, le *Grand Larousse du XXe siècle* et le *Robert des synonymes* établissent suffisamment l'ampleur du sens de ce mot pour que nous le choisissions.

2. *Comedia* : ce terme, comme le mot *comédie* en français classique, désignait toute pièce de théâtre, quel que soit son genre.

PERSONAS

ISABELA, *duquesa.*
DON JUAN TENORIO.
EL REY DE NÁPOLES.
DON PEDRO TENORIO [, *embajador de España, tío de don Juan*].
EL DUQUE OCTAVIO.
RIPIO, *criado.*
TISBEA, *pescadora.*
CATALINÓN, *criado.*
ANFRISO, *pescador.*
CORIDÓN, *pescador.*
DON GONZALO DE ULLOA.
EL REY [ALFONSO XI] DE CASTILLA.
DON DIEGO TENORIO [, *padre de don Juan Tenorio*], *viejo.*
EL MARQUÉS DE LA MOTA.
[DOÑA ANA, *hija de don Gonzalo de Ulloa.*]
BATRICIO, *labrador.*
AMINTA, *villana.*
GASENO, *labrador.*
BELISA, *villana.*
FABIO, *criado.*
[CRIADOS.]
[PESCADORES.]
[PASTORES.]
[MÚSICOS.]

PERSONNAGES

ISABELA, *duchesse.*
DON JUAN TENORIO.
LE ROI DE NAPLES.
DON PEDRO TENORIO [, *ambassadeur d'Espagne, oncle de don Juan*].
LE DUC OCTAVIO.
RIPIO, *valet* [*du duc Octavio*].
TISBEA, *pêcheuse.*
CATALINÓN, *laquais* [*de don Juan Tenorio*].
ANFRISO, *pêcheur.*
CORIDÓN, *pêcheur.*
DON GONZALO DE ULLOA [, *commandeur*].
LE ROI [ALPHONSE XI] DE CASTILLE.
DON DIEGO TENORIO [, *père de don Juan*], *vieillard.*
LE MARQUIS DE LA MOTA.
[DOÑA ANA, *fille de don Gonzalo de Ulloa.*]
BATRICIO, *paysan.*
[AMINTA, *paysanne.*]
GASENO, *paysan* [, *père d'Aminta*].
BELISA, *paysanne* [, *confidente d'Aminta*].
FABIO, *valet.*
[DES VALETS.]
[DES PÊCHEURS.]
[DES BERGERS.]
[DES MUSICIENS.]

JORNADA PRIMERA

Sala en el palacio del rey de Nápoles.
Noche. No hay luz.

Salen don Juan Tenorio embozado, y Isabela, duquesa.

ISABELA

Duque Octavio, por aquí
podrás salir más seguro.

DON JUAN

Duquesa, de nuevo os juro
de cumplir el dulce sí.

ISABELA

Mis glorias serán verdades,
promesas y ofrecimientos,
regalos y cumplimientos,
voluntades y amistades.

1. Il s'agit là d'une indication scénique de grande importance qui éclaire le début de la pièce. Don Juan ne découvrira son visage que devant son oncle don Pedro. Au XVIIe siècle, en Espagne, les jeunes gens en quête d'aventures nocturnes, les

PREMIÈRE JOURNÉE

Dans une salle du palais du roi de Naples. Nuit. Il n'y a pas de lumière.

Entrent don Juan Tenorio [, le visage couvert jusqu'aux yeux par sa cape[1]*] et Isabela, duchesse.*

ISABELA

Duc Octavio, par ici tu pourras sortir plus sûrement.

DON JUAN

Duchesse, je vous jure à nouveau de donner le doux consentement.

ISABELA

Ainsi mon bonheur sera enfin assuré ; tes promesses, tes serments, tes présents, tes attentions, ton amour et ton amitié seront vrais.

aristocrates qui ne voulaient pas être reconnus ou les ruffians qui ne tenaient pas à se retrouver aux galères relevaient ainsi le « pan » (*embozo*) de leur cape pour se couvrir le visage tout en gardant au moins un œil aux aguets.

DON JUAN

Sí, mi bien.

ISABELA

Quiero sacar
una luz.

DON JUAN

Pues ¿para qué?

ISABELA

Para que el alma dé fe
del bien que llego a gozar.

DON JUAN

Mataréte la luz yo.

ISABELA

¡Ah, cielo! ¿Quién eres, hombre?

DON JUAN

¿Quién soy? Un hombre sin nombre.

ISABELA

¿Que no eres el duque?

DON JUAN

No.

ISABELA

¡Ah, de palacio!

DON JUAN

Oui, mon bien.

ISABELA

Je vais allumer un flambeau.

DON JUAN

Mais pourquoi ?

ISABELA

Pour que mon cœur manifeste la joie que je connais enfin.

DON JUAN

Je l'éteindrai, ton flambeau.

ISABELA

Ciel ! Qui es-tu, toi, l'homme ?

DON JUAN

Qui suis-je ? Un homme sans nom.

ISABELA

N'es-tu donc pas le duc ?

DON JUAN

Non.

ISABELA

Ah ! Du palais !

DON JUAN

¡ Detente !
Dame, duquesa, la mano.

ISABELA

No me detengas, villano.
¡ Ah, del rey ! ¡ Soldados, gente !

Sale el rey de Nápoles con una vela en un candelero.

EL REY

¿ Qué es esto ?

ISABELA

¡ El rey ! ¡ Ay, triste !

EL REY

¿ Quién eres ?

DON JUAN

¿ Quién ha de ser ?
Un hombre y una mujer.

EL REY, *aparte.*

Esto en prudencia consiste. —
¡ Ah, de mi guarda ! Prended
a este hombre.

ISABELA

¡ Ay, perdido honor !

1. Cette formule, maintes fois reprise au cours de la pièce, constitue une ligne de force qui en souligne la cohérence interne et l'unité d'écriture. Ceux qui, plus tard, écriront des œuvres sur le même thème ne s'y tromperont pas. Pensons par exemple au livret de Da Ponte pour Mozart. Ce refrain, déjà « musicalement »

DON JUAN

Arrête ! Donne-moi la main[1], duchesse.

ISABELA

Écarte-toi, vilain. Holà ! de par le roi ! À la garde ! Quelqu'un !

Entre le roi de Naples, portant une bougie dans un chandelier.

LE ROI

Qu'y a-t-il ?

ISABELA

Le roi ! je suis perdue !

LE ROI

Qui es-tu ?

DON JUAN

Qui donc ? Un homme et une femme.

LE ROI, *à part.*

En cette affaire, il faut de la prudence. *(Haut :)* Holà ! mes gardes ! Arrêtez cet homme !

ISABELA

Ah ! mon honneur perdu !

répété comme un rythme fatal dans l'œuvre de Tirso, est le signe matériel d'un engagement solennel et sacré entre deux personnes. La promesse de mariage d'un homme et d'une femme se donnant la main droite, même hors la présence d'un prêtre, avait un caractère solennel et irrévocable.

Sale don Pedro Tenorio, embajador de España, y guarda.

DON PEDRO

¡En tu cuarto, gran señor,
voces! ¿Quién la causa fue?

EL REY

Don Pedro Tenorio, a vos
esta prisión os encargo.
Siendo corto, andad vos largo;
mirad quién son estos dos.
Y con secreto ha de ser,
que algún mal suceso creo,
porque si yo aquí lo veo,
no me queda más que ver.

Vase.

DON PEDRO

Prendelde.

DON JUAN

¿Quién ha de osar?
Bien puedo perder la vida;
mas ha de ir tan bien vendida,
que a alguno le ha de pesar.

DON PEDRO

¡Matalde!

DON JUAN

¿Quién os engaña?
Resuelto en morir estoy,

Entrent don Pedro Tenorio, ambassadeur d'Espagne, et des gardes.

DON PEDRO

Dans tes appartements, Grand Roi, ces cris ! Qui en est la cause ?

LE ROI

Don Pedro Tenorio, je vous confie cette arrestation. Soyez prompt, mais ne négligez rien ; et voyez qui sont ces deux-là. Que ce soit dans le secret, car je crains quelque mauvaise affaire. Quant à moi, ce que je vois ici me suffit.

Il sort.

DON PEDRO

Arrêtez-le[1] !

DON JUAN

Qui aura cette audace ? Je peux y perdre la vie, mais elle sera si chèrement vendue, que plus d'un s'en repentira.

DON PEDRO

Tuez-le !

DON JUAN

Qui vous aveugle ? Je suis prêt à mourir,

1. La graphie du texte espagnol est ici respectée, ainsi que dans les occurrences similaires.

porque caballero soy
del Embajador de España.
Llegue; que solo ha de ser
quien me rinda.

DON PEDRO

Apartad,
a ese cuarto os retirad
todos con esa mujer.

Vanse Isabela y los guardias.

Ya estamos solos los dos;
muestra aquí tu esfuerzo y brío.

DON JUAN

Aunque tengo esfuerzo, tío,
no le tengo para vos.

DON PEDRO

¡Di quién eres!

DON JUAN

Ya lo digo:
tu sobrino.

DON PEDRO, *aparte.*

¡Ay, corazón,
que temo alguna traición!
¿Qué es lo que has hecho, enemigo?
¿Cómo estás de aquesa suerte?
Dime presto lo que ha sido.
¡Desobediente, atrevido!
Estoy por darte la muerte.
Acaba.

car je suis gentilhomme de l'ambassadeur d'Espagne. Qu'il vienne donc, à lui seul je me rendrai.

DON PEDRO

Écartez-vous ; retirez-vous tous dans cette pièce avec cette femme. *(Isabela et les gardes sortent.)* Nous voici tous les deux seuls. Montre-moi ton courage et ta valeur.

DON JUAN

Je ne manque pas de courage, mais je n'en ai pas contre vous, mon oncle.

DON PEDRO

Mais dis qui tu es !

DON JUAN

Je l'ai dit. Je suis ton neveu.

DON PEDRO, *à part.*

Mon âme pressent ici quelque trahison. *(Haut :)* Mais qu'as-tu fait, scélérat ? Et comment te trouves-tu en une telle situation ? Dis-moi vite ce qui s'est passé. Rebelle, effronté, je suis tenté de te donner la mort. Allons, parle.

DON JUAN

Tío y señor,
mozo soy y mozo fuiste;
y pues que de amor supiste,
tenga disculpa mi amor.
Y pues a decir me obligas
la verdad, oye y diréla :
yo engañé y gocé a Isabela
la duquesa…

DON PEDRO

No prosigas,
tente. ¿Cómo la engañaste ?
Habla quedo o cierra el labio.

DON JUAN

Fingí ser el duque Octavio…

DON PEDRO

No digas más, calla, baste.

Aparte.

Perdido soy si el rey sabe
este caso. ¿Qué he de hacer ?
Industria me ha de valer
en un negocio tan grave. —
Di, vil : ¿no bastó emprender
con ira y con fuerza extraña
tan gran traición en España
con otra noble mujer,
sino en Nápoles también
y en el palacio real,
con mujer tan principal ?
¡Castíguete el cielo, amén !

DON JUAN

Mon oncle, mon Seigneur, je suis jeune, tu l'as été aussi ; puisque tu as connu ce qu'est l'amour, que mon amour obtienne ton pardon. Et puisque tu m'obliges à dire la vérité, écoute-moi, je vais te la dire. J'ai dupé la duchesse Isabela et l'ai possédée…

DON PEDRO

Arrête ! Comment l'as-tu dupée ? Parle bas ou tais-toi.

DON JUAN

J'ai feint d'être le duc Octavio.

DON PEDRO

N'en dis pas plus. Tais-toi ! cela suffit. *(À part :)* Si le roi vient à apprendre ces choses, je suis perdu. Que dois-je faire ? Dans une aussi grave affaire, il me faut employer la ruse. *(Haut :)* Dis-moi, scélérat, ne t'a-t-il pas suffi d'entreprendre avec une violence, une brutalité inouïes semblable traîtrise en Espagne, envers une autre noble dame ? Voilà que tu recommences à Naples dans le palais du roi, envers une femme de si haut rang ! Que le Ciel te punisse… Ainsi soit-il !

Tu padre desde Castilla
a Nápoles te envió,
y en sus márgenes te dio
tierra la espumosa orilla
del mar de Italia, atendiendo
que el haberte recebido
pagaras agradecido,
¡y estás su honor ofendiendo,
y en tal principal mujer!
Pero en aquesta ocasión
nos daña la dilación;
mira qué quieres hacer.

DON JUAN

No quiero daros disculpa,
que la habré de dar siniestra.
Mi sangre es, señor, la vuestra;
sacalda, y pague la culpa.
A esos pies estoy rendido,
y ésta es mi espada, señor.

DON PEDRO

Alzate y muestra valor,
que esa humildad me ha vencido.
¿Atreveráste a bajar
por ese balcón?

DON JUAN

Sí atrevo,
que alas en tu favor llevo.

DON PEDRO

Pues yo te quiero ayudar.
Vete a Sicilia o Milán,
donde vivas encubierto.

Ton père t'a envoyé de Castille à Naples, et sur ses rivages, la côte écumeuse de la mer italienne, pensant que tu lui serais reconnaissant de ce bienfait, t'a donné refuge. Et voici que tu attentes à son honneur sur une femme si noble ! Mais, dans cette affaire, tout retard nous coûte ; vois ce que tu comptes faire.

DON JUAN

Je ne veux pas vous donner d'excuses, ce ne seraient que de tristes raisons. Mon sang, Seigneur, est le vôtre ; versez-le, et qu'il paie ma faute. À vos pieds je me rends. Voici mon épée, Seigneur.

DON PEDRO

Relève-toi et montre-toi courageux ; ton humilité a vaincu mon courroux. Oserais-tu sauter du haut de ce balcon ?

DON JUAN

Bien sûr, j'ose ; ta faveur me donne des ailes.

DON PEDRO

Eh bien, je veux t'aider. Pars pour la Sicile ou pour Milan, et vis là-bas caché.

DON JUAN

Luego me iré.

DON PEDRO

¿Cierto?

DON JUAN

Cierto.

DON PEDRO

Mis cartas te avisarán
en qué para este suceso
triste, que causado has.

DON JUAN, *aparte.*

Para mí alegre, dirás. —
Que tuve culpa, confieso.

DON PEDRO

Esa mocedad te engaña.
Baja, pues, ese balcón.

DON JUAN, *aparte.*

Con tan justa pretensión
gozoso me parto a España.

Vase don Juan y entra el Rey.

DON PEDRO

Ya ejecuté, gran señor,
tu justicia justa y recta,
el hombre...

EL REY

¿Murió?

DON JUAN

J'y pars sans tarder.

DON PEDRO

Vraiment ?

DON JUAN

Vraiment.

DON PEDRO

Mes lettres te feront savoir les suites de cette triste affaire dont tu es la cause.

DON JUAN, *à part.*

Pour moi, joyeuse affaire, devrais-tu dire ! *(Haut :)* J'avoue que j'ai été coupable.

DON PEDRO

La jeunesse t'égare ! Allez, saute par ce balcon.

DON JUAN, *à part.*

Avec de si justes projets, je pars joyeux pour l'Espagne.

Don Juan sort. Entre le roi de Naples.

DON PEDRO

Je viens de faire exécuter, Seigneur, ta droite et bonne justice, l'homme…

LE ROI

Est mort ?

DON PEDRO

Escapóse
de las cuchillas soberbias.

EL REY

¿De qué forma?

DON PEDRO

Desta forma:
Aun no lo mandaste apenas,
cuando, sin dar más disculpa,
la espada en la mano aprieta,
revuelve la capa al brazo,
y con gallarda presteza,
ofendiendo a los soldados
y buscando su defensa,
viendo vecina la muerte,
por el balcón de la huerta
se arroja desesperado.
Siguióle con diligencia
tu gente; cuando salieron
por esa vecina puerta,
le hallaron agonizando
como enroscada culebra.
Levantóse, y al decir
los soldados: ¡muera, muera!,
bañado de sangre el rostro,
con tan heroica presteza
se fue, que quedé confuso.
La mujer, que es Isabela,
que para admirarte nombro,
retirada en esa pieza,
dice que es el duque Octavio
que, con engaño y cautela,
la gozó.

DON PEDRO

Il a échappé aux terribles épées.

LE ROI

Et comment ?

DON PEDRO

Voici : à peine avais-tu donné l'ordre de l'arrêter que, sans autre excuse, il tire l'épée d'une main ferme, roule sa cape sur son bras, et avec audace et adresse il cherche à se défendre en attaquant les soldats : et voyant venir la mort, tout espoir perdu, il se jette par le balcon du jardin. Tes gens l'ont poursuivi avec diligence, et quand ils sont sortis par cette porte voisine, ils l'ont trouvé agonisant, lové comme un serpent. Il s'est levé et comme les soldats criaient « Tue ! Tue ! », le visage inondé de sang, il a disparu avec une si preste vaillance que j'en suis resté confondu. La femme, qui est Isabela — son nom ne peut que t'étonner —, enfermée dans cette pièce, dit qu'il s'agit du duc Octavio, qui, par fourberie et tromperie, l'a possédée.

EL REY

¿Qué dices?

DON PEDRO

Digo
lo que ella propia confiesa.

EL REY

¡Ah, pobre honor! Si eres el alma
del hombre, ¿por qué te dejan
en la mujer inconstante,
si es la misma ligereza? —
¡Hola!

Sale un criado.

CRIADO

Gran señor.

EL REY

Traed
delante de mi presencia
esa mujer.

DON PEDRO

Ya la guardia
viene, gran señor, con ella.

Trae la guarda a Isabela.

ISABELA, *aparte.*

¿Con qué ojos veré al rey?

EL REY

Idos, y guardad la puerta
de esa cuadra.

LE ROI

Que dis-tu ?

DON PEDRO

Je dis ce qu'elle-même avoue.

LE ROI

Ah ! Malheureux honneur ! S'il est vrai que tu es de l'homme le bien le plus précieux, comment peut-on te confier à une femme frivole, qui personnifie l'inconstance ? Holà !

Entre un valet.

LE VALET

Noble Roi…

LE ROI

Qu'on fasse comparaître cette femme en ma présence.

DON PEDRO

Voici la garde qui vous l'amène, Seigneur.

La garde amène Isabela.

ISABELA, *à part.*

Dans quelle humeur vais-je trouver le roi ?

LE ROI

Sortez et gardez la porte de cette salle.

Retíranse el criado y la guarda.

Di, mujer:
¿qué rigor, qué airada estrella
te incitó, que en mi palacio,
con hermosura y soberbia,
profanases sus umbrales?

ISABELA

Señor…

EL REY

Calla, que la lengua
no podrá dorar el yerro
que has cometido en mi ofensa.
¿Aquél era el duque Octavio?

ISABELA

Señor…

EL REY

¡No importan fuerzas,
guardas, criados, murallas,
fortalecidas almenas
para amor, que la de un niño
hasta los muros penetra!
Don Pedro Tenorio: al punto
a esa mujer llevad presa
a una torre, y con secreto
haced que al duque le prendan,
que quiero hacer que le cumpla
la palabra o la promesa.

ISABELA

Gran señor, volvedme el rostro.

(Le valet et la garde se retirent.) Dis, femme, quel rigoureux destin, quelle étoile courroucée t'a inspirée, pour que de mon palais, belle et orgueilleuse, tu profanes le seuil ?

ISABELA

Grand Roi…

LE ROI

Tais-toi. Ta langue ne saurait dorer l'erreur qui t'a fait m'offenser. Ainsi cet homme était le duc Octavio ?

ISABELA

Grand Roi…

LE ROI

Qu'importent à l'amour les forteresses, les gardes, les valets, les murailles, les créneaux fortifiés ! Sa force d'enfant a raison des murs les plus épais. Don Pedro Tenorio, menez sans tarder cette femme à une tour, et l'enfermez ; puis, en secret, faites arrêter le duc. Je veux qu'il tienne sa parole ou ses engagements.

ISABELA

Grand Roi, tournez vers moi votre visage.

EL REY

Ofensa a mi espalda hecha
es justicia y es razón
castigalla a espaldas vueltas.

Vase el Rey.

DON PEDRO

Vamos, duquesa.

ISABELA, *aparte.*

Mi culpa
no hay disculpa que la venza;
mas no será el yerro tanto
si el duque Octavio lo enmienda.

Vanse.

Sala en casa del duque Octavio,
en Nápoles.

Sale el duque Octavio y Ripio su criado.

RIPIO

¿Tan de mañana, señor,
te levantas?

OCTAVIO

No hay sosiego
que pueda apagar el fuego
que enciende en mi alma amor.
Porque, como al fin es niño,
no apetece cama blanda,
entre regalada holanda,

LE ROI

Pour une offense faite dans mon dos, il n'est que justice et raison que le châtiment soit donné le dos tourné.

Le roi sort.

DON PEDRO

Allons, Duchesse.

ISABELA, *à part.*

Ma faute, aucune excuse ne la pourrait réparer ; mais cette erreur sera moindre si le duc Octavio l'efface.

Ils sortent.

Dans une salle du palais du duc Octavio, à Naples.

Entrent[1] *le duc Octavio et Ripio, son valet.*

RIPIO

Debout de si bon matin, mon maître ?

OCTAVIO

Il n'est repos qui puisse éteindre le feu qu'en mon âme l'amour attise. Après tout, l'amour est un enfant. Il ne goûte pas les molles couches ni la fine toile de Hollande

1. La graphie du texte espagnol est ici respectée, ainsi que dans les occurrences similaires.

cubierta de blanco armiño.
Acuéstase, no sosiega,
siempre quiere madrugar
por levantarse a jugar,
que, al fin, como niño, juega.
Pensamientos de Isabela
me tienen, amigo, en calma,
que como vive en el alma,
anda el cuerpo siempre en vela,
guardando ausente y presente
el castillo del honor.

RIPIO

Perdóname, que tu amor
es amor impertinente.

OCTAVIO

¿Qué dices, necio?

RIPIO

Esto digo :
impertinencia es amar
como amas. ¿Quies escuchar?

OCTAVIO

Ea, prosigue.

RIPIO

Ya prosigo.
¿Quiérete Isabela a ti?

OCTAVIO

¿Eso, necio, has de dudar?

couverte de blanche hermine. Il se couche et ne trouve nul repos ; toujours il veut se lever tôt pour s'en aller jouer ; car enfin, il joue comme un enfant. La pensée d'Isabela me saisit et m'afflige ; sa demeure est mon cœur, et mon corps, sans trouver le sommeil, défend, dans l'absence comme dans la présence, la citadelle de l'honneur.

RIPIO

Pardonne-moi, mais ton amour est un amour malavisé.

OCTAVIO

Que dis-tu là, pauvre sot ?

RIPIO

Je dis ceci : il est malavisé d'aimer comme tu aimes. Veux-tu m'écouter ?

OCTAVIO

Poursuis.

RIPIO

Je poursuis : et Isabela, est-ce qu'elle t'aime ?

OCTAVIO

Peux-tu douter de cela, pauvre sot ?

RIPIO

No, mas quiero preguntar,
¿y tú, no la quieres?

OCTAVIO

Sí.

RIPIO

Pues ¿no seré majadero,
y de solar conocido,
si pierdo yo mi sentido
por quien me quiere y la quiero?
Si ella a ti no te quisiera,
fuera bien el porfialla,
regalalla y adoralla,
y aguardar que se rindiera.
Mas si los dos os queréis
con una mesma igualdad,
dime : ¿hay más dificultad
de que luego os desposéis?

OCTAVIO

Eso fuera, necio, a ser
de lacayo o lavandera
la boda.

RIPIO

Pues, ¿es quienquiera
una lavandriz mujer,
lavando y fregatrizando,
defendiendo y ofendiendo,
los paños suyos tendiendo,
regalando y remendando?
Dando dije, porque al dar
no hay cosa que se le iguale,

RIPIO

Non, mais je veux demander : et toi ? ne l'aimes-tu pas ?

OCTAVIO

Si.

RIPIO

Eh bien, ne serais-je pas sot, et sot de bonne souche si je perdais l'esprit pour qui m'aime et que j'aime ? Si elle ne t'aimait pas, alors il conviendrait que tu en fasses le siège, que tu la combles, que tu l'adores jusqu'à ce qu'elle se rende. Mais si vous vous aimez l'un l'autre d'un amour également partagé, dis-moi, y a-t-il quelque obstacle à ce que, sans plus attendre, vous vous épousiez ?

OCTAVIO

Pauvre niais ! Cela serait bon pour les noces d'un laquais ou d'une lavandière.

RIPIO

Ainsi, tiendrais-tu pour rien la femme lessiveuse, celle qui frotte et lave et rince, vaillant soldat de la propreté, étendant, ravaudant son linge, lui donnant tous ses soins ? Donnant — disais-je — car rien ne vaut le don,

y si no, a Isabela dale,
a ver si sabe tomar.

Sale un criado.

CRIADO

El Embajador de España
en este punto se apea
en el zaguán, y desea,
con ira y fiereza extraña,
hablarte, y si no entendí
yo mal, entiendo es prisión.

OCTAVIO

¡Prisión! Pues ¿por qué ocasión?
Decid que entre.

Entra don Pedro Tenorio, con guardas.

DON PEDRO

Quien así
con tanto descuido duerme,
limpia tiene la conciencia.

OCTAVIO

Cuando viene Vuexcelencia
a honrarme y favorecerme
no es justo que duerma yo;
velaré toda mi vida.
¿A qué y por qué es la venida?

DON PEDRO

Porque aquí el rey me envió.

OCTAVIO

Si el rey mi señor se acuerda
de mí en aquesta ocasión,

alors, donne-toi à Isabela, et on verra si elle sait prendre.

Entre un valet.

LE VALET

L'ambassadeur d'Espagne à l'instant met pied à terre et vient d'entrer dans le vestibule. Il veut te parler, avec une rage et une fureur singulières ; et si je n'ai pas mal compris, je comprends qu'il parle de prison…

OCTAVIO

De prison ? Mais pour quelle raison ? Faites-le entrer.

Entre don Pedro Tenorio, accompagné de gardes.

DON PEDRO

Qui dort aussi paisiblement que vous a la conscience tranquille.

OCTAVIO

Lorsque Votre excellence vient m'honorer et me faire une faveur, il ne convient pas que je dorme ; je veillerai ma vie entière. Mais quel est le but, quel est le motif de votre visite ?

DON PEDRO

C'est que le roi m'envoie ici.

OCTAVIO

Si le roi, mon Seigneur, se souvient de moi en cette occasion,

será justicia y razón
que por él la vida pierda.
Decidme, señor, ¿qué dicha
o qué estrella me ha guiado,
que de mí el rey se ha acordado?

DON PEDRO

Fue, duque, vuestra desdicha.
Embajador del rey soy;
dél os traigo una embajada.

OCTAVIO

Marqués, no me inquieta nada;
decid, que aguardando estoy.

DON PEDRO

A prenderos me ha enviado
el rey; no os alborotéis.

OCTAVIO

¡Vos por el rey me prendéis!
Pues ¿en qué he sido culpado?

DON PEDRO

Mejor lo sabéis que yo;
mas, por si acaso me engaño,
escuchad el desengaño,
y a lo que el rey me envió.
Cuando los negros gigantes,
plegando funestos toldos,
y del crepúsculo huyen,
tropezando unos con otros,
estando yo con su Alteza
tratando ciertos negocios,

il sera juste et raisonnable que pour lui je perde la vie. Dites-moi, monsieur, quelle fortune ou quelle étoile veille sur moi pour qu'ainsi de moi le roi se soit souvenu ?

DON PEDRO

Duc, ce fut votre malheur ; je suis ambassadeur du roi, de lui je vous porte une ambassade.

OCTAVIO

Marquis, je ne suis pas inquiet. Parlez, je vous attends.

DON PEDRO

Le roi m'a envoyé vous arrêter. Restez calme.

OCTAVIO

Vous venez m'arrêter au nom du roi ? Mais de quoi suis-je donc accusé ?

DON PEDRO

Vous le savez mieux que moi : mais si par hasard je me trompe, écoutez et soyez détrompé ; apprenez pourquoi le roi m'a envoyé. Lorsque les noirs géants replient leurs dais funestes et fuient l'aube en se bousculant, alors que j'étais avec Son Altesse[1], occupé à certaines affaires —

1. Tirso emploie ici un terme qui renvoie à l'époque où les rois n'étaient pas appelés « Majesté ». En Espagne, ils le furent à partir de l'élection au trône du Saint Empire de Charles Ier qui devint ainsi Charles Quint. Le mélange des époques, us et coutumes du XVIIe siècle et des allusions, de différentes façons, à des moments précédents de l'histoire de l'Espagne, est constant dans les *comedias* historiques du Siècle d'or.

porque antípodas del sol
son siempre los poderosos,
voces de mujer oímos
cuyos ecos, menos roncos
por los artesones sacros,
nos repitieron : ¡socorro!
A las voces y al ruido
acudió, duque, el rey propio,
halló a Isabela en los brazos
de algún hombre poderoso.
Mas quien al cielo se atreve,
sin duda es gigante o monstruo.
Mandó el rey que los prendiera;
quedé con el hombre solo,
llegué y quise desarmalle,
pero pienso que el demonio
en él tomó forma humana,
pues que, vuelto en humo y polvo,
se arrojó por los balcones,
entre los pies de esos olmos
que coronan del palacio
los chapiteles hermosos.
Hice prender la duquesa,
y en la presencia de todos
dice que es el duque Octavio
el que con mano de esposo
la gozó.

OCTAVIO

¿Qué dices?

DON PEDRO

Digo
lo que al mundo es ya notorio
y que tan claro se sabe :
que Isabela por mil modos…

les puissants, en effet, toujours sont du soleil les antipodes —, nous entendîmes des cris de femme répétés et amplifiés par les hauts plafonds à caissons du palais ; ils appelaient : « Au secours ! » Attiré par ces cris et par ce bruit, Duc, le roi lui-même accourut ; il trouva Isabela dans les bras d'un homme d'une rare vigueur. Mais qui ose braver le Ciel ne peut être que monstre ou géant. Le roi m'ordonna de les arrêter ; je restai seul avec l'homme, je m'approchai et le voulus désarmer ; mais je crois que c'était le démon qui avait pris figure humaine, car, se changeant en fumée, en nuage de poussière, il se lança par le balcon, entre les pieds de ces ormes qui couronnent les tours altières du palais. J'ai fait arrêter la duchesse, et devant tous elle dit qu'il s'agit du duc Octavio, qui, après lui avoir donné la main en gage de fiançailles, l'a possédée.

OCTAVIO

Que dis-tu ?

DON PEDRO

Je dis ce qui déjà pour chacun est notoire, et que chacun sait clairement : qu'Isabela, de mille façons…

OCTAVIO

¡Dejadme, no me digáis
tan gran traición de Isabela!
Mas ¿si fue su honor cautela?
proseguid, ¿por qué calláis?
Mas si veneno me dais,
que a un firme corazón toca,
y así a decir me provoca,
que imita a la comadreja,
que concibe por la oreja
para parir por la boca.
¿Será verdad que Isabela,
alma, se olvidó de mí
para darme muerte? Sí,
que el bien suena y el mal vuela.
Ya el pecho nada recela
juzgando si son antojos;
que, por darme más enojos,
al entendimiento entró,
y por la oreja escuchó
lo que acreditan los ojos.
Señor marqués, ¿es posible
que Isabela me ha engañado
y que mi amor ha burlado?
¡Parece cosa imposible!
¡Oh, mujer! ¡Ley tan terrible
de honor, a quien me provoco
a emprender! Mas ya no toco
en tu honor esta cautela.
Anoche con Isabela
hombre en palacio… Estoy loco.

OCTAVIO

Laissez-moi, ne me dites pas qu'Isabela m'a fait si grande trahison. Mais si son honneur ne fut qu'une ruse ?… Continuez, pourquoi vous taisez-vous ?… Alors, si vos paroles sont pour moi du venin, c'est un cœur ferme qui le reçoit, de sorte qu'il m'incite à parler, semblablement à la belette, qui conçoit par l'oreille et met bas par la bouche[1]. Serait-il vrai qu'Isabela, mon cœur, m'ait oublié au point de me donner la mort ? Hélas ! Oui, car le bien sonne et le mal vole[2]. Mais mon cœur ne sait plus juger si ce sont là de vaines craintes, et pour fortifier mes angoisses, ce qui par l'oreille est entré, ce que les yeux confirment, est allé jusqu'à mon entendement. Monsieur le Marquis, est-il possible qu'Isabela m'ait trompé, qu'elle se soit jouée de mon amour ? Non, cela semble impossible. Ô femme ! Fausse pierre de touche de l'honneur dont je veux encore éprouver l'aloi ! Mais cette traîtresse ruse, je ne l'estime plus à la pierre de ton honneur… Cette nuit, un homme au palais… Avec Isabela… Je deviens fou !

1. Le début de cette réplique, jusqu'à cet endroit, a intrigué les critiques. Octavio dit sans doute ici, de façon très compliquée, mais compréhensible, que le mal qu'on pourrait lui dire d'Isabela et qu'il entendrait (par l'oreille), l'amènerait à se plaindre (par la bouche), et fait référence à une légende selon laquelle la belette met bas par la bouche.

2. La comparaison de la femme infidèle avec la fausse monnaie est chose courante en Espagne, notamment au XVIIe siècle ; de plus, dans le texte de Tirso, tout le sens de la phrase s'organise autour des mots *ley*, « aloi, valeur de la monnaie d'or ou d'argent », et *tocar*, « faire subir l'épreuve, sur le marbre ou "pierre de touche", de bonne résonance d'une pièce de métal ». On dit en français : argent sonnant et trébuchant.

DON PEDRO

Como es verdad que en los vientos
hay aves, en el mar peces,
que participan a veces
de todos cuatro elementos;
como en la gloria hay contentos,
lealtad en el buen amigo,
traición en el enemigo,
en la noche escuridad
y en el día claridad,
así es verdad lo que digo.

OCTAVIO

Marqués, yo os quiero creer.
No hay cosa que me espante,
que la mujer más constante
es, en efeto, mujer.
No me quedo más que ver,
pues es patente mi agravio.

DON PEDRO

Pues que sois prudente y sabio,
elegid el mejor medio.

OCTAVIO

Ausentarme es mi remedio.

DON PEDRO

Pues sea presto, duque Octavio.

OCTAVIO

Embarcarme quiero a España,
y darle a mis males fin.

DON PEDRO

Aussi vrai que dans le vent il y a des oiseaux, dans la mer des poissons, qui participent à la fois des quatre éléments; de même que dans la gloire on trouve des plaisirs, loyauté chez l'ami sûr et traîtrise chez l'ennemi, dans la nuit l'obscurité et la lumière dans le jour, ainsi ce que j'affirme est vrai.

OCTAVIO

Marquis, je veux vous croire. Il n'est là rien qui puisse m'étonner, la femme la plus constante n'est en effet qu'une femme. Je n'ai pas besoin d'autres preuves, mon outrage est patent.

DON PEDRO

Puisque vous êtes prudent et sage, choisissez le meilleur remède.

OCTAVIO

Partir est mon seul recours.

DON PEDRO

Eh bien, duc Octavio, faites vite.

OCTAVIO

Je veux m'embarquer pour l'Espagne et mettre un terme à mes maux.

DON PEDRO

Por la puerta del jardín,
duque, esta prisión se engaña.

OCTAVIO

¡Ah, veleta! ¡Débil caña!
A más furor me provoco,
y extrañas provincias toco
huyendo desta cautela.
¡Patria, adiós! Con Isabela
hombre en palacio... ¡Estoy loco!

Vanse.

Playa de Tarragona.

Sale Tisbea, pescadora, con una caña de pescar en la mano.

TISBEA

Yo, de cuantas el mar
pies de jazmín y rosa
en sus riberas besa
con fugitivas olas,
sola de amor exenta,
como en ventura sola,
tirana me reservo
de sus prisiones locas.
Aquí donde el sol pisa
soñolientas las ondas,
alegrando zafiros
las que espantaba sombras,
por la menuda arena,
unas veces aljófar
y átomos otras veces
del sol que así le adora,

DON PEDRO

Par la porte du jardin, Duc, on peut échapper à la prison.

OCTAVIO

Ah ! girouette ! Faible roseau ! Je m'emporte et ma fureur s'accroît, et je touche à d'étranges terres en fuyant cette traîtrise. Patrie, adieu... Un homme dans le palais ! Avec Isabela ! Je deviens fou !

Ils sortent.

Sur la plage de Tarragone.

Entre Tisbea, pêcheuse, une canne à pêche à la main.

TISBEA

Moi, de toutes celles dont la mer, sur ses rivages, baise de vagues fugitives les pieds de jasmin et de rose, moi seule, épargnée par l'amour, seule choyée par la fortune, orgueilleuse, je me garde de ses chaînes insensées. En ces lieux où le soleil caresse l'onde endormie et fait luire mille saphirs joyeux là où régnaient les ténèbres qu'il a fait fuir ; sur le sable fin qui tantôt renvoie l'éclat d'innombrables perles, tantôt s'irise de mille atomes de l'astre qui l'adore,

oyendo de las aves
las quejas amorosas,
y los combates dulces
del agua entre las rocas,
ya con la sutil caña,
que al débil peso dobla
del necio pececillo
que el mar salado azota,
o ya con la atarraya
que en sus moradas hondas
prenden cuantos habitan
aposentos de conchas,
seguramente tengo
que en libertad se goza
el alma que amor áspid
no le ofende ponzoña.
En pequeñuelo esquife,
y en compañía de otras,
tal vez al mar le peino
la cabeza espumosa;
y cuando más perdidas
querellas de amor forman,
como de todos río,
envidia soy de todas.
¡Dichosa yo mil veces,
amor, pues me perdonas,
si ya, por ser humilde,
no desprecias mi choza!
Obeliscos de paja
mi edificio coronan,
nidos, si no hay cigarras,
a tortolillas locas.
Mi honor conservo en pajas,
como fruta sabrosa,
vidrio guardado en ellas
para que no se rompa.

j'écoute les plaintes amoureuses des oiseaux et le doux combat de l'eau contre les rochers ; parfois, maniant le fin roseau qui plie sous le faible poids du sot petit poisson qui fouette la mer salée ; parfois armée de mon filet qui capture en ses mailles profondes tout ce qui vit dans la nacre marine, je sais qu'une âme épargnée par le venin de l'amour aspic[1] peut se réjouir librement. Parfois, avec mes compagnes, sur un petit esquif, de ma rame, je peigne de la mer la tête écumeuse, et quand, folles d'amour, elles lancent leur plainte, comme de tous je me moque, d'elles toutes je suis enviée. Amour, que je suis heureuse d'être par toi épargnée ! À moins que tu ne méprises ma chaumière qu'à cause de son humilité. Ma demeure est couronnée d'obélisques de paille ; ils sont les nids, quand manquent les cigales, des folles tourterelles. Je garde dans la paille mon honneur tel un fruit savoureux, tel un cristal que l'on y pose pour qu'il ne se brise pas.

1. L'image de l'amour qui ronge le cœur et le brûle, tel le venin d'un serpent, ôtant à l'être humain toute quiétude, est extrêmement fréquente dans la littérature espagnole cultiste, et on la retrouve à plusieurs reprises dans l'œuvre de Tirso de Molina.

De cuantos pescadores
con fuego Tarragona
de piratas defiende
en la argentada costa,
desprecio soy, encanto,
a sus suspiros sorda,
a sus ruegos terrible,
a sus promesas roca.
Anfriso, a quien el cielo,
con mano poderosa,
prodigó en cuerpo y alma
de todo en gracias todas,
medido en las palabras,
liberal en las obras,
sufrido en los desdenes,
modesto en las congojas,
mis pajizos umbrales,
que heladas noches ronda,
a pesar de los tiempos,
las mañanas remoza;
pues con ramos verdes
que de los olmos corta,
mis pajas amanecen
ceñidas de lisonjas.
Ya con vigüelas dulces
y sutiles zampoñas
músicas me consagra,
y todo no le importa,
porque en tirano imperio
vivo de amor señora,
que hallo gusto en sus penas
y en sus infiernos gloria.
Todas por él se mueren,
y yo, todas las horas,
le mato con desdenes,
de amor condición propia,

De tous les pêcheurs qui par le feu défendent des pirates[1] Tarragone, sur sa rive argentée, je suis la dédaigneuse enchanteresse, sourde à leurs soupirs, insensible à leurs prières, à leurs promesses, inaccessible roc. Anfriso, à qui le Ciel, de sa puissante main, a prodigué tous les dons du corps et de l'esprit, mesuré dans ses paroles, libéral dans ses œuvres, patient face aux dédains, réservé dans les tourments, Anfriso par les nuits glacées veille sur ma demeure de paille, et malgré l'âpreté des saisons, chaque jour il l'orne et lui donne jeunesse ; grâce aux verts rameaux qu'il coupe aux ormes, quand se lève l'aurore, la paille de ma chaumière au matin est ceinte de charmantes offrandes. Parfois, au doux son du luth ou de la flûte de Pan, il me donne des aubades. Mais cela ne lui sert à rien. Car je suis souveraine au tyrannique empire de l'amour ; je prends du plaisir à ses peines et trouve un paradis dans son enfer. Toutes mes compagnes meurent d'amour pour lui, et moi, par mes dédains, je lui donne la mort. C'est la nature de l'amour

1. Les pirates et corsaires d'Alger faisaient souvent des incursions sur la côte orientale de l'Espagne. Entre autres moyens de combattre ces incursions, on allumait des feux sur la côte, grâce auxquels on prévenait les attaques des pirates.

querer donde aborrecen,
despreciar donde adoran,
que si le alegran muere,
y vive si le oprobian.
En tan alegre día
segura de lisonjas,
mis juveniles años
amor no los malogra;
que en edad tan florida,
amor, no es suerte poca
no ver, tratando enredos,
las tuyas amorosas.
Pero necio discurso,
que mi ejercicio estorbas,
en él no me diviertas
en cosa que no importa.
Quiero entregar la caña
al viento, y a la boca
del pececillo el cebo.
Pero al agua se arrojan
dos hombres de una nave,
antes que el mar la sorba,
que sobre el agua viene
y en un escollo aborda.
Como hermoso pavón,
hace las velas cola,
adonde los pilotos
todos los ojos pongan.
Las olas va escarbando,
y ya su orgullo y pompa
casi la desvanece,
agua un costado toma.
Hundióse y dejó al viento
la gavia, que la escoja
para morada suya,
que un loco en gavias mora.

d'aimer quand il est haï, de mépriser quand on l'adore ; si on le flatte, il périt ; il vit, quand on le couvre d'opprobre. Par un si joyeux jour, je suis insensible aux flatteries, mes jeunes années ne sont point gâchées par l'amour ; à un âge si tendre, Amour, c'est une grande fortune que d'échapper à tes rets. Mais allons ! Sot discours qui fais obstacle à mon travail, cesse de me divertir par des choses futiles. Je vais lancer ma ligne au vent et tendre l'appât au tout petit poisson. Mais voici que deux hommes se jettent à l'eau d'un vaisseau, avant que la mer l'engloutisse ; voguant sur l'onde, il vient d'aborder un écueil. Tel un paon magnifique, de ses voiles il fait la roue et fascine l'œil des marins. Il fouille l'onde, mais déjà sont presque évanouis son orgueil et sa splendeur. Un de ses flancs prend l'eau… Il coule, laissant au vent la hune, pour qu'il y fasse sa demeure car la hune est le logis des fous[1].

1. Le jeu de mots est intraduisible en français. L'espagnol, en effet, désigne du même mot *gavia* la « hune » d'un navire et la « cellule » où l'on enferme un malade aliéné.

Dentro :

¡Que me ahogo!
Un hombre a otro aguarda
que dice que se ahoga.
Gallarda cortesía,
en los hombros le toma,
Anquises le hace Eneas,
si el mar está hecho Troya.
Ya nadando, las aguas
con valentía corta,
y en la playa no veo
quien le ampare y socorra.
Daré voces. ¡Tirseo,
Anfriso, Alfredo, hola!
Pescadores me miran,
¡plega a Dios que me oigan!
Mas milagrosamente
ya tierra los dos toman :
sin aliento el que nada,
con vida el que le estorba.

Saca en brazos Catalinón a don Juan, mojados.

CATALINÓN

¡Válgame la Cananea,
y qué salado está el mar!
Aquí puede bien nadar
el que salvarse desea,
que allá dentro es desatino,
donde la muerte se fragua;
¿dónde Dios juntó tanta agua,
no juntara tanto vino?
Agua salada, ¡extremada
cosa para quien no pesca!
Si es mala aun el agua fresca,

UNE VOIX, *en coulisses.*

Je me noie !...

TISBEA

Un homme va au secours d'un autre qui crie qu'il se noie. Quelle vaillante courtoisie ! Il le prend sur son dos. Anchise fait de lui un autre Énée quand la mer est devenue Troie. Voici qu'il traverse les flots en nageant hardiment, et sur la plage je ne vois personne pour lui porter secours et le protéger. Il faut que j'appelle : Tirseo, Anfriso, Alfredo ! Par ici ! Des pêcheurs me regardent. Dieu fasse qu'ils m'entendent. Mais, quel miracle ! les deux hommes atteignent le rivage ; celui qui nage est hors d'haleine, mais celui qui l'embarrasse est en vie.

Entre Catalinón, portant don Juan dans ses bras ; l'un et l'autre sont ruisselants.

CATALINÓN

Que la Cananéenne[1] me protège et que l'eau de mer est donc salée ! Ici, il peut nager, celui qui veut sauver sa vie ; mais là-bas, en pleine mer, c'est folie, il forge sa propre mort. Mais là où Dieu a amassé autant d'eau, pourquoi n'amasserait-il pas autant de vin ? Eau salée, chose étrange pour qui n'est pas pêcheur. Et si l'eau fraîche, elle-même, est mauvaise,

1. Cette exclamation de Catalinón a donné lieu à bien des commentaires, certains plus compliqués qu'heureux. Nous pensons qu'il est question de la mariée des noces de Cana, au cours desquelles, le vin venant à manquer, Jésus, à la demande de sa mère, Marie, transforma l'eau en vin (Jean, II, 10).

¿qué será el agua salada?
¡Oh, quién hallara una fragua
de vino, aunque algo encendido!
Si de la agua que he bebido
escapo yo, no más agua.
Desde hoy abernuncio della,
que la devoción me quita
tanto, que agua bendita
no pienso ver, por no vella.
¡Ah, señor! Helado está.
¡Señor! ¿Si acaso está muerto?
Del mar fue este desconcierto,
y mío este desvarío.
¡Mal haya aquel que primero
pinos en la mar sembró
y que sus rumbos midió
con quebradizo madero!
¡Maldito sea el vil sastre
que cosió el mar que dibuja
con astronómica aguja,
causa de tanto desastre!
¡Maldito sea Jasón,
y Tifis maldito sea!
Muerto está, no hay quien lo crea,
¡mísero Catalinón!
¿Qué he de hacer?

TISBEA

Hombre, ¿qué tienes
en desventuras iguales?

1. La graphie d'origine du texte espagnol est ici conservée.
2. En espagnol, *abernuncio* : déformation comique d'*abrenuntio*, « je renonce », mise ici dans la bouche de Catalinón. Le valet comique continue à faire rire en poursuivant sa déclaration de

qu'en sera-t-il de l'eau salée ? Ah ! Si je trouvais une forge à vin, même un peu chaud ! Si l'eau[1] que j'ai avalée m'épargne la vie, plus jamais d'eau. À partir d'aujourd'hui, je renonce[2] à l'eau. Elle m'enlève tant la dévotion que je ne veux pas voir d'eau bénite afin de ne plus voir d'eau. Eh ! Monsieur ! Il est glacé ! Monsieur ! Est-il déjà mort ? La mer a commis cette chose déraisonnable, et moi, cette folie. Maudit soit celui qui le premier sema des pins[3] sur la mer et qui voulut mesurer ses rhumbs[4] à l'aide d'un bois fragile ! Maudit soit le vil tailleur[5] qui a cousu la mer qu'il sillonne avec l'aiguille astronomique, cause de ce désastre ! Maudit soit Jason ! Et que Tiphys[6] soit maudit !... Il est mort, est-ce croyable ? Et moi, pauvre Catalinón, que vais-je faire ?

TISBEA

Mais toi, l'homme, que ressens-tu devant pareil désastre ?

renoncement à l'eau et de passion pour le vin. Cela prend une valeur rituelle.

3. « Les pins » : image très employée au Siècle d'or pour désigner les bateaux.

4. Terme technique de marine ; les rhumbs correspondent aux trente-deux divisions de la rose des vents. Ils indiquent les lignes de navigation. Ce mot a été introduit en français par les marins du XVIe siècle. Il provient de l'anglais *rhumb* et de l'espagnol *rumbo*.

5. Comme il fait allusion aux directions de la boussole indiquées par son aiguille, Tirso en profite pour passer de l'aiguille au tailleur, personnage que la littérature espagnole classique ne ménage pas. L'inventeur de la boussole conduit bien souvent les navigateurs au naufrage.

6. « Tiphys est le premier pilote du navire *Argo* » (*Grimal*). Comme on le sait, il transporta Jason et les Argonautes vers la Colchide pour en ramener la Toison d'or.

CATALINÓN

Pescadora, muchos males
y falta de muchos bienes.
Veo, por librarme a mí,
sin vida a mi señor. Mira
si es verdad.

TISBEA

No, que aún respira.

CATALINÓN

¿Por dónde? ¿Por aquí?

TISBEA

Sí,
pues ¿por dónde?

CATALINÓN

Bien podía
respirar por otra parte.

TISBEA

Necio estás.

CATALINÓN

Quiero besarte
las manos de nieve fría.

TISBEA

Ve a llamar los pescadores
que en aquella choza están.

CATALINÓN

Y si los llamo, ¿vendrán?

CATALINÓN

Pêcheuse, j'ai bien des malheurs. Et il me manque bien du bonheur. Je crains que mon maître soit mort pour me sauver la vie. Vois donc si je dis vrai.

TISBEA

Non, il respire encore.

CATALINÓN

Par où ? Par ici ?

TISBEA

Bien sûr… sinon par où ?

CATALINÓN

Il pourrait bien respirer par un autre orifice !

TISBEA

Que tu es sot !

CATALINÓN

Laisse-moi baiser tes mains de neige froide.

TISBEA

Va appeler les pêcheurs qui sont dans cette chaumière.

CATALINÓN

Et si je les appelle, viendront-ils ?

TISBEA

Vendrán presto, no lo ignores.
¿Quién es este caballero?

CATALINÓN

Es hijo aqueste señor
del Camarero mayor
del rey, por quien ser espero
antes de seis días conde
en Sevilla, donde va,
y adonde su Alteza está,
si a mi amistad corresponde.

TISBEA

¿Cómo se llama?

CATALINÓN

Don Juan
Tenorio.

TISBEA

Llama mi gente.

CATALINÓN

Ya voy.

Vase. Coge en el regazo Tisbea a don Juan.

TISBEA

Mancebo excelente,
gallardo, noble y galán.
Volved en vos, caballero.

DON JUAN

¿Dónde estoy?

TISBEA

Ils accourront, sois-en sûr. Qui est ce gentilhomme ?

CATALINÓN

C'est le fils du grand chambellan du roi. J'espère bien grâce à lui, avant six jours, à Séville, où nous allons, être fait comte, s'il répond à mon amitié.

TISBEA

Comment s'appelle-t-il ?

CATALINÓN

Don Juan Tenorio.

TISBEA

Va appeler mes gens.

CATALINÓN

J'y vais.

Il sort. Tisbea prend don Juan dans son giron.

TISBEA

Jeune homme excellent, vaillant, noble et beau. Revenez à vous, monsieur.

DON JUAN

Où suis-je ?

TISBEA

Ya podéis ver :
en brazos de una mujer.

DON JUAN

Vivo en vos, si en el mar muero.
Ya perdí todo el recelo,
que me pudiera anegar,
pues del infierno del mar
salgo a vuestro claro cielo.
Un espantoso huracán
dio con mi nave al través,
para arrojarme a esos pies
que abrigo y puerto me dan.
Y en vuestro divino oriente
renazco, y no hay que espantar,
pues veis que hay de amar a mar
una letra solamente.

TISBEA

Muy grande aliento tenéis
para venir sin aliento,
y tras de tanto tormento
mucho contento ofrecéis.
Pero si es tormento el mar
y son sus ondas crueles,
la fuerza de los cordeles,
pienso que os hacen hablar.
Sin duda que habéis bebido
del mar la oración pasada,
pues por ser de agua salada
con tan grande sal ha sido.
Mucho habláis cuando no habláis,
y cuando muerto venís
mucho al parecer sentís,

TISBEA

Vous voyez bien : dans les bras d'une femme.

DON JUAN

En vous je vis, si dans la mer je meurs. Voici que se sont évanouies mes craintes de sombrer puisque de l'enfer marin j'émerge et vois votre ciel clair. Un ouragan épouvantable a fait chavirer mon navire et m'a jeté à vos pieds qui sont pour moi havre et refuge. Je renais en votre divin orient, et à cela quoi d'étonnant puisque d'aimer à mer seules deux lettres font la différence.

TISBEA

Vous avez du souffle, vous qui veniez tout essoufflé ; après tant de tourments vous offrez beaucoup de plaisir. Mais si la mer est torture et si ses vagues sont cruelles, c'est, je pense, sous la tension des cordes[1] que vous parlez. Nul doute que dans la mer vous ayez puisé ce discours. La mer est si salée qu'elle donne du sel à vos propos. Silencieux, vous êtes bien éloquent et si vous êtes arrivé mort, il semble que vous ayez bien du sentiment.

1. Les « cordes » (*cordeles*) sont à la fois les « cordes » du chevalet de torture et les « cordages » du navire de don Juan.

¡plega a Dios que no mintáis!
  Parecéis caballo griego
que el mar a mis pies desagua,
pues venís formado de agua,
y estáis preñado de fuego.
  Y si mojado abrasáis,
estando enjuto, ¿qué haréis?
Mucho fuego prometéis,
¡plega a Dios que no mintáis!

DON JUAN

  A Dios, zagala, pluguiera
que en el agua me anegara
para que cuerdo acabara
y loco en vos no muriera.
  Que el mar pudiera anegarme
entre sus olas de plata
que sus límites desata,
mas no pudiera abrasarme.
  Gran parte del sol mostráis,
pues que el sol os da licencia,
pues sólo con la apariencia,
siendo de nieve abrasáis.

TISBEA

  Por más helado que estáis,
tanto fuego en vos tenéis,
que en este mío os ardéis,
¡plega a Dios que no mintáis!

Salen Catalinón, Coridón y Anfriso, pescadores.

CATALINÓN

  Ya vienen todos aquí.

Plaise à Dieu que vous ne mentiez pas ! Vous ressemblez au cheval grec que la mer à mes pieds dépose hors de l'eau : enfant de l'eau, vous enfantez le feu. Et si, tout mouillé, vous embrasez, que ne ferez-vous quand vous serez sec ? Vous promettez de beaux feux. Plaise à Dieu que vous ne mentiez pas !

DON JUAN

Plût au Ciel, bergère, que l'eau m'eût noyé et qu'ainsi je fusse mort sage, au lieu de mourir fou de vous : la mer aurait pu me noyer dans ses flots d'argent déchaînés, mais elle n'aurait pu m'embraser. Grande est votre ressemblance avec le soleil qui vous permet d'embraser, vous qui êtes de neige.

TISBEA

Tout glacé que vous êtes, tant de feu vous habite qu'à ma flamme vous brûlez. Plaise à Dieu que vous ne mentiez pas !

Entrent Catalinón, Coridón et Anfriso, pêcheurs.

CATALINÓN

Les voici qui tous viennent ici.

TISBEA

Y ya está tu dueño vivo.

DON JUAN

Con tu presencia recibo
el aliento que perdí.

CORIDÓN

¿Qué nos mandas?

TISBEA

Coridón,
Anfriso, amigos…

CORIDÓN

Todos
buscamos por varios modos
esta dichosa ocasión.
Di lo que nos mandas, Tisbea,
que por labios de clavel
no lo habrás mandado a aquel
que idolatrarte desea,
apenas, cuando al momento,
sin cesar, en llano o sierra,
surque el mar, tale la tierra,
pise el fuego, y pare el viento.

TISBEA, *aparte*.

¡Oh, qué mal me parecían
estas lisonjas ayer,
y hoy echo en ellas de ver
que sus labios no mentían! —
Estando, amigos, pescando
sobre este peñasco, vi
hundirse una nave allí,

TISBEA

Et voici ton maître vivant.

DON JUAN

Par ta présence, je reçois le souffle que j'avais perdu.

CORIDÓN

Que nous ordonnes-tu ?

TISBEA

Coridón, Anfriso, mes amis !

CORIDÓN

Tous, de diverses manières, nous cherchions cette heureuse occasion. Dis ce que tu nous ordonnes, Tisbea, et par ces lèvres d'œillet, à peine l'auras-tu ordonné à celui qui veut t'idolâtrer qu'aussitôt, et sans s'arrêter, par les plaines et par les montagnes, il sillonnera la mer, il dévastera la terre, piétinera le feu et arrêtera le vent.

TISBEA, *à part.*

Oh ! Combien, hier encore, ces louanges me semblaient mensongères, et aujourd'hui j'y vois que leurs lèvres ne mentaient pas. *(Haut :)* Mes amis, comme j'allais pêchant sur ce rocher, je vis là-bas un navire sombrer et,

y entre las olas nadando
dos hombres; y compasiva,
di voces, y nadie oyó,
y en tanta aflicción, llegó
libre de la furia esquiva
del mar, sin vida a la arena,
déste en los hombros cargado,
un hidalgo y anegado,
y envuelta en tan triste pena,
a llamaros envié.

ANFRISO

Pues aquí todos estamos,
manda que tu gusto hagamos,
lo que pensado no fue.

TISBEA

Que a mi choza los llevemos
quiero, donde, agradecidos,
reparemos sus vestidos,
y allí los regalaremos;
que mi padre gusta mucho
desta debida piedad.

CATALINÓN

¡Extremada es su beldad!

DON JUAN

Escucha aparte.

CATALINÓN

Ya escucho.

DON JUAN

Si te pregunta quién soy,
di que no sabes.

nageant au milieu des vagues, deux hommes ; prise de compassion, je criai ; personne n'entendit ; et comme j'étais tout affligée, arriva à la grève, échappant à la fureur sauvage de la mer, portant cet homme sur ses épaules, un gentilhomme épuisé qui se noyait. Et moi, envahie par une profonde tristesse, j'envoyai vous appeler.

ANFRISO

Puisque nous sommes ici tous réunis, ordonne que pour ton plaisir nous fassions ce qui jamais n'a été imaginé.

TISBEA

Je veux qu'à ma chaumière nous les menions ; qu'avec obligeance nous fassions qu'ils puissent réparer leurs vêtements, et que nous les régalions. Mon père prise beaucoup ce pieux devoir.

CATALINÓN

Sa beauté est extrême.

DON JUAN, *entraînant Catalinón à part.*

Viens, écoute.

CATALINÓN

J'écoute.

DON JUAN

Si elle te demande qui je suis, dis-lui que tu ne sais pas.

CATALINÓN

¡A mí,
quieres advertirme a mí
lo que he de hacer!

DON JUAN

Muerto voy
por la hermosa cazadora.
Esta noche he de gozalla.

CATALINÓN

¿De qué suerte?

DON JUAN

Ven y calla.

CORIDÓN

Anfriso, dentro de una hora
los pescadores prevén
que canten y bailen.

ANFRISO

Vamos,
y esta noche nos hagamos
rajas y palos también.

DON JUAN

Muerto soy.

TISBEA

¿Cómo, si andáis?

DON JUAN

Ando en pena, como veis.

CATALINÓN

À moi, tu veux m'apprendre, à moi, ce que je dois faire ?

DON JUAN

Je meurs d'amour pour la belle pêcheuse ; cette nuit je veux la posséder.

CATALINÓN

De quelle manière ?

DON JUAN

Viens, et tais-toi.

CORIDÓN

Anfriso, d'ici une heure, préviens les pêcheurs qu'ils dansent et qu'ils chantent.

ANFRISO

Allons-y, et que cette nuit chants et danses épuisent nos forces.

DON JUAN

Je suis mort.

TISBEA

Comment ? Mais vous marchez !

DON JUAN

Oui, je marche comme une âme en peine, comme vous voyez.

TISBEA

Mucho habláis.

DON JUAN

Mucho entendéis.

TISBEA

¡Plega a Dios que no mintáis!

Vanse.

Alcázar de Sevilla.

Sale don Gonzalo de Ulloa y el Rey don Alfonso de Castilla.

EL REY

¿Cómo os ha sucedido en la embajada,
Comendador mayor?

DON GONZALO

Hallé en Lisboa
al rey don Juan, tu primo, previniendo
treinta naves de armada.

EL REY

¿Y para dónde?

DON GONZALO

Para Goa me dijo; mas yo entiendo
que a otra empresa más fácil apercibe.

TISBEA

Vous parlez beaucoup.

DON JUAN

Vous comprenez beaucoup.

TISBEA

Plaise à Dieu que vous ne mentiez pas !

Ils sortent.

Dans l'Alcázar de Séville.

Entrent don Gonzalo de Ulloa et le roi Alphonse (XI) de Castille.

LE ROI

Alors, grand commandeur, comment s'est passée ton ambassade[1] ?

DON GONZALO

J'ai trouvé le roi don Juan, ton cousin, à Lisbonne ; il y faisait armer trente navires de guerre.

LE ROI

Et pour quelle destination ?

DON GONZALO

Pour Goa, m'a-t-il dit, mais je pense, moi, qu'il les prépare pour une autre entreprise plus facile.

1. À propos de l'anachronisme qui fait vivre dans le même temps Alphonse XI de Castille (1311-1350) et Jean Ier de Portugal (1385-1433), la seule réponse est : nous sommes au théâtre et dans la fiction ; il ne s'agit pas de respecter la vérité historique mais, comme le préconisait Lope de Vega, de toucher le spectateur.

A Ceuta o Tánger pienso que pretende
cercar este verano.

EL REY

Dios le ayude,
y premie el celo de aumentar su gloria.
¿Qué es lo que concertasteis?

DON GONZALO

Señor, pide
a Serpa y Mora y Olivencia y Toro;
y por eso te vuelve a Villaverde,
al Almendral, a Mértola y Herrera
entre Castilla y Portugal.

EL REY

Al punto
se firmen los conciertos, don Gonzalo.
Mas decidme primero cómo ha ido
en el camino, que vendréis cansado
y alcanzado también.

DON GONZALO

Para serviros,
nunca, señor, me canso.

EL REY

¿Es buena tierra
Lisboa?

DON GONZALO

La mayor ciudad de España;
y si mandas que diga lo que he visto
de lo exterior y célebre, en un punto
en tu presencia te pondré un retrato.

Je crois qu'il veut, ce printemps, assiéger Ceuta ou Tanger.

LE ROI

Que Dieu l'aide, et veuille récompenser un tel zèle à augmenter sa gloire. Qu'avez-vous concerté ?

DON GONZALO

Sire, il demande Serpa, Mora, Olivenza et Toro. Et en échange entre Castille et Portugal, il te rend Villaverde, Almendral, Mértola et Herrera[1].

LE ROI

Que l'on signe sur-le-champ les traités, don Gonzalo. Mais dites-moi, d'abord, ce qu'a été votre voyage ; vous devez être fatigué et heureux, également, d'en avoir terminé.

DON GONZALO

À votre service, Sire, jamais je ne sens la fatigue.

LE ROI

Lisbonne est-elle une belle contrée ?

DON GONZALO

La plus grande ville d'Espagne[2]. Et si tu m'ordonnes de te dire ce que j'ai vu de son aspect et qui la rend célèbre, à l'instant même, devant toi, j'en ferai le portrait.

1. Villes à la frontière des deux royaumes. Mora, Serpa et Mértola sont à notre époque situées en territoire portugais.

2. Don Gonzalo, en disant que Lisbonne est la plus grande ville d'Espagne, se conduit évidemment en grand seigneur espagnol qui flatte le roi de Castille. Mais le Portugal, outre qu'il fut rattaché à l'Espagne de 1580 à 1640, était communément considéré par les Espagnols comme un des royaumes des Espagnes.

EL REY

Gustaré de oíllo. Dadme silla.

DON GONZALO

Es Lisboa una octava maravilla.
De las entrañas de España,
que son las tierras de Cuenca,
nace el caudaloso Tajo,
que media España atraviesa.
Entra en el mar Oceano,
en las sagradas riberas
de esta ciudad, por la parte
del sur; mas antes que pierda
su curso y su claro nombre,
hace un cuarto entre dos sierras,
donde están de todo el orbe
barcas, naves, carabelas.
Hay galeras y saetías
tantas, que desde la tierra
parece una gran ciudad
adonde Neptuno reina.
A la parte del poniente,
guardan del puerto dos fuerzas
de Cascaes y San Gian,
las más fuertes de la tierra.
Está desta gran ciudad,
poco más de media legua,
Belén, convento del santo
conocido por la piedra
y por el león de guarda,
donde los reyes y reinas,
católicos y cristianos,
tienen sus casas perpetuas.
Luego esta máquina insigne,

LE ROI

J'aurai du plaisir à l'entendre. Avancez-moi un siège.

DON GONZALO

Lisbonne est la huitième merveille. Dans les terres de Cuenca, entrailles de l'Espagne, naît le Tage au cours puissant, qui traverse la moitié de l'Espagne. Il se jette dans la mer océane sur les berges sacrées de cette cité, vers le sud ; mais avant de perdre son cours et son nom illustre, il fait un quart[1], entre deux montagnes, où de tout l'univers se trouvent réunis bateaux, nefs et caravelles. Il s'y trouve tant de galères et de saïques que, vu de la terre, on dirait une ville dont Neptune serait le roi. Au ponant, deux forteresses gardent le port, Cascaïs et Sangian ; ce sont les deux plus puissantes du monde. À un peu plus d'une demi-lieue de cette grande cité se trouve Belem[2], couvent du saint connu pour sa pierre et pour son lion de garde, où reines et rois catholiques et chrétiens ont leur demeure pour l'éternité. Après cet édifice insigne,

1. Par ce mot, il faut entendre le « quart de conversion, mouvement en forme de quart de cercle, qu'on fait faire aux soldats pour changer la face d'un bataillon », à moins qu'il ne faille entendre, « quart de vent, ou, simplement, quart, terme synonyme de r[h]humb, et plus souvent employé par les marins. Par un, deux, trois, etc., quarts, les marins entendent un, deux, trois, etc., fois la 32e partie de la circonférence de la boussole » (*Littré*). Le Tage, en effet, avant de rejoindre la mer, tourne de cette façon entre deux montagnes, au nord celle de Sintra, au sud celle d'Arrabida.

2. Célèbre monastère de Hiéronymites, qui ne pouvait exister du vivant d'Alphonse XI de Castille, puisqu'il fut construit au XVe siècle. Saint Jérôme y est représenté avec deux de ses attributs : la pierre dont il se servait pour se frapper la poitrine, le lion qu'il avait soigné et qui le suivait fidèlement.

desde Alcántara comienza
una gran legua a tenderse
al convento de Xabregas.
En medio está el valle hermoso
coronado de tres cuestas,
que quedara corto Apeles
cuando pintarlas quisiera,
porque, miradas de lejos,
parecen piñas de perlas
que están pendientes del cielo,
en cuya grandeza inmensa
se ven diez Romas cifradas
en conventos y en iglesias,
en edificios y calles,
en solares y encomiendas,
en las letras y en las armas,
en la justicia tan recta
y en una Misericordia,
que está honrando su ribera
y pudiera honrar a España
y aun enseñar a tenerla.
Y en lo que yo más alabo
desta máquina soberbia,
es que del mismo castillo,
en distancia de seis leguas,
se ven sesenta lugares
que llega el mar a sus puertas,
uno de los cuales es
el convento de Odivelas,
en el cual vi por mis ojos
seiscientas y treinta celdas,
y entre monjas y beatas
pasan de mil y doscientas.
Tiene desde allí a Lisboa,
en distancia muy pequeña,
mil y ciento y treinta quintas,

il faut une heure pour aller depuis Alcántara jusqu'au couvent de Xabregas. Au centre se trouve le beau vallon couronné de trois collines, qui ferait le désespoir d'Apelle[1] s'il voulait peindre ce tableau. Ces collines ressemblent, regardées de loin, à des pignes faites de perles fines et suspendues au ciel. Sur leur immensité on peut voir dix Romes constituées de couvents, d'églises, de monuments, de rues, de maisons nobles portant blason, de commanderies ; dix Romes par les lettres et par les armes, par une très droite justice, et cette fondation de la Miséricorde[2], honneur de ces rives, qui pourrait honorer l'Espagne et même être une école d'honneur. Ce que je loue le plus dans cette orgueilleuse cité, c'est que depuis le château lui-même et sur six lieues à la ronde, on voit soixante endroits habités, qui ont la mer à leur porte ; l'un d'eux est le couvent d'Odivelas où, de mes yeux, j'ai vu six cent trente cellules, où nonnes et béates sont plus de douze cents. De là jusqu'à Lisbonne, sur une très faible distance, il y a mille cent trente belles fermes,

1. Le peintre Apelle, portraitiste officiel d'Alexandre le Grand, représente ici le peintre par excellence. C'est à lui que la peinture grecque doit son autonomie par rapport à la décoration et au dessin rehaussé de couleurs.

2. Le mot *misericordia* (« miséricorde ») est, suivant les éditions de cette pièce, écrit avec ou sans majuscule. Il fait écho à *justicia*, « justice », et de ce point de vue la minuscule suffirait, mais il désigne également une église fameuse de Lisbonne et les édifices qui en dépendaient : confrérie de la Miséricorde fondée en 1498 par la reine Éléonore, hôpital et église gothique construits en 1534 par le roi don Manuel. Les bâtiments ont beaucoup souffert du tremblement de terre de 1755. L'ensemble porte aujourd'hui le nom de *Conceição Velha.*

que en nuestra provincia Bética
llaman cortijos, y todas
con sus huertos y alamedas.
En medio de la ciudad
hay una plaza soberbia
que se llama del *Rucío*,
grande, hermosa y bien dispuesta,
que habrá cien años y aun más
que el mar bañaba su arena,
y ahora della a la mar
hay treinta mil casas hechas,
que, perdiendo el mar su curso,
se tiendió a partes diversas.
Tiene una calle que llaman
rua Nova o calle Nueva,
donde se cifra el Oriente
en grandezas y riquezas,
tanto que el rey me contó
que hay un mercader en ella,
que, por no poder contarlo,
mide el dinero a fanegas.
El terrero, donde tiene
Portugal su casa regia,
tiene infinitos navíos,
varados siempre en la tierra,
de sólo cebada y trigo
de Francia y Ingalaterra.
Pues el palacio real,
que el Tajo sus manos besa,
es edificio de Ulises,
que basta para grandeza,
de quien toma la ciudad
nombre en la latina lengua,
llamándose Ulisibona,
cuyas armas son la esfera,

qu'en notre province de Bétique on appelle domaine des champs, entourées de leurs vergers et de leurs peupliers. Au centre de la ville se trouve une place superbe que l'on nomme place Rossio, grande, belle et de bonnes proportions ; il y a cent ans, et même davantage, la mer baignait son sable et, de nos jours, de cette place jusqu'à la mer, il y a trente mille maisons, car la mer, divisant son cours, a porté ailleurs ses eaux. Il s'y trouve aussi une rue, appelée Rua Nova, c'est-à-dire rue Neuve, où tout l'Orient étale ses grandeurs et ses richesses, à tel point que le roi m'a conté qu'il y a dans cette rue un marchand qui, faute de pouvoir compter son argent, le mesure au boisseau. De l'esplanade[1] où se dresse la maison de la famille royale du Portugal on voit un grand nombre de navires, toujours ancrés à la terre et qui apportent de l'orge et du froment de France et d'Angleterre. Et cette maison royale, dont le Tage baise les mains, fut édifiée par Ulysse, ce qui est grandeur suffisante. La ville lui emprunte son nom latin d'Ulyssibonna. Ses armes sont la sphère

1. Place fameuse de la ville, qui s'appelait *o Terreiro do Paço*, « l'esplanade du palais ».

por pedestal de las llagas
que, en la batalla sangrienta,
al rey don Alfonso Enríquez
dio la Majestad Inmensa.
Tiene en su gran tarazana
diversas naves, y entre ellas,
las naves de la conquista,
tan grandes, que de la tierra
miradas, juzgan los hombres
que tocan en las estrellas.
Y lo que desta ciudad
te cuento por excelencia
es que, estando sus vecinos
comiendo, desde las mesas
ven los copos del pescado
que junto a sus puertas pescan,
que, bullendo entre las redes,
vienen a entrarse por ellas,
y sobre todo, a el llegar
cada tarde a su ribera
más de mil barcos cargados
de mercancías diversas
y de sustento ordinario :
pan, aceite, vino y leña,
frutas de infinita suerte,
nieve de sierra de Estrella
que por las calles a gritos,
puestas sobre las cabezas,
las venden. Mas, ¿qué me canso?
porque es contar las estrellas
querer contar una parte
de la ciudad opulenta.
Ciento y treinta mil vecinos
tiene, gran señor, por cuenta,
y por no cansarte más,
un rey que tus manos besa.

qui porte les cinq plaies[1] que l'Immense Majesté offrit au fameux roi don Alfonso Enríquez lors d'une sanglante bataille. Lisbonne, dans ses arsenaux, a encore d'autres vaisseaux et parmi eux les navires de la Conquête, si hauts qu'à les voir depuis la terre on croit qu'ils touchent les étoiles. Je vais encore te dire de cette ville une chose digne d'être relatée : quand ses habitants sont à table, en train de manger, ils voient, à leur porte, les nasses des pêcheurs se remplir de poissons qui, frétillants, entrent dans les filets ; et puis, surtout, chaque soir ils voient toucher sa rive plus de mille bateaux chargés de diverses marchandises et de nourritures ordinaires : pain, huile, vin, bois, fruits de diverses espèces, neige de la montagne d'Estrelle et qui, portés sur les têtes des vendeurs, sont criés par les rues. Mais pourquoi me fatiguer ? C'est compter les étoiles que vouloir conter une seule partie de l'opulente cité. Elle a cent trente mille habitants, sauf erreur, et enfin, Grand Seigneur, pour ne pas te lasser, elle a un roi qui te baise les mains.

1. D'après une légende, les cinq *quines*, sorte de boules qui figurent dans les armes du Portugal, étaient censées représenter symboliquement les plaies du Christ apparu au premier roi de ce pays avant la bataille d'Ourique contre les musulmans.

EL REY

Más estimo, don Gonzalo,
escuchar de vuestra lengua
esa relación sucinta,
que haber visto su grandeza.
¿Tenéis hijos?

DON GONZALO

Gran señor,
una hija hermosa y bella,
en cuyo rostro divino
se esmeró naturaleza.

EL REY

Pues yo os la quiero casar
de mi mano.

DON GONZALO

Como sea
tu gusto, digo, señor,
que yo lo acepto por ella.
Pero ¿quién es el esposo?

EL REY

Aunque no está en esta tierra,
es de Sevilla, y se llama
don Juan Tenorio.

DON GONZALO

Las nuevas
voy a llevar a doña Ana.

EL REY

Id en buen hora y volved,
Gonzalo, con la respuesta.

Vanse.

LE ROI

Je préfère, don Gonzalo, entendre de votre bouche cette brève relation que voir la splendeur de cette ville. Avez-vous des enfants ?

DON GONZALO

Grand Seigneur, une fille extrêmement belle ; la nature a mis tous ses soins à modeler son divin visage.

LE ROI

Eh bien, je veux moi-même la marier.

DON GONZALO

Qu'il soit fait selon ton désir, Seigneur, j'accepte pour elle. Mais qui est l'époux ?

LE ROI

Bien qu'il ne soit pas ici, il est de Séville et il s'appelle don Juan Tenorio.

DON GONZALO

Je vais porter cette nouvelle à doña Ana.

LE ROI

Allez à la bonne heure, don Gonzalo, et revenez avec sa réponse.

Ils sortent.

Playa de Tarragona.

Sale don Juan Tenorio y Catalinón.

DON JUAN

Esas dos yeguas prevén,
pues acomodadas son.

CATALINÓN

Aunque soy Catalinón,
soy, señor, hombre de bien;
que no se dijo por mí:
Catalinón es el hombre;
que sabes que aquese nombre
me asienta al revés a mí.

DON JUAN

Mientras que los pescadores
van de regocijo y fiesta,
tú las dos yeguas apresta,
que de sus pies voladores
sólo nuestro engaño fío.

CATALINÓN

Al fin ¿pretendes gozar
a Tisbea?

DON JUAN

Si burlar
es hábito antiguo mío,
¿qué me preguntas, sabiendo
mi condición?

Sur la plage de Tarragone.

Entrent don Juan Tenorio et Catalinón.

DON JUAN

Prépare ces deux juments, elles conviendront.

CATALINÓN

Bien que je sois Catalinón, mon maître, je suis homme de bien ; on n'a jamais dit de moi : « Cet homme-là, c'est Catherinette[1]. » Tu sais bien que ce nom ne me va pas du tout.

DON JUAN

Tandis que les pêcheurs vont se réjouir et faire la fête, toi, prépare les deux juments, car je ne confie notre tromperie qu'à leurs sabots ailés.

CATALINÓN

Enfin, tu veux posséder Tisbea ?

DON JUAN

Puisque duper est ma vieille habitude, quelle question poses-tu, connaissant ma nature ?

1. À propos de Catalinón, augmentatif masculin de *Catalina*, « Catherine », dont la couardise fait ressortir la téméraire bravoure de don Juan : « on appelle communément *catalnicas* ["catherinettes"] les petits perroquets femelles » (Sebastián de Covarrubias, *Tesoro de la lengua catellana o española*, 1611) ; et « En andalou vulgaire, *catalina* ["Catherine"] est l'excrément que l'on trouve dans les rues »(A. Castro dans son édition de *Obras de Tirso de Molina, El Burlador de Sevilla*, 1948) ; le nom du valet serait l'équivalent de « froussard, peureux ». La grossièreté du propos installe bien le valet dans son personnage de farce.

CATALINÓN

Ya sé que eres
castigo de las mujeres.

DON JUAN

Por Tisbea estoy muriendo,
que es buena moza.

CATALINÓN

¡Buen pago
a su hospedaje deseas!

DON JUAN

Necio, lo mismo hizo Eneas
con la reina de Cartago.

CATALINÓN

Los que fingís y engañáis
las mujeres desa suerte,
lo pagaréis con la muerte.

DON JUAN

¡Qué largo me lo fiáis!
Catalinón con razón
te llaman.

CATALINÓN

Tus pareceres
sigue, que en burlar mujeres
quiero ser Catalinón.
Ya viene la desdichada.

DON JUAN

Vete, y las yeguas prevén.

CATALINÓN

Je sais bien que tu es le châtiment des femmes.

DON JUAN

Je me meurs pour Tisbea : c'est une jolie fille.

CATALINÓN

Tu récompenses de belle manière son hospitalité.

DON JUAN

Sot ! Énée en fit autant avec la reine de Carthage.

CATALINÓN

Vous autres qui trompez et abusez les femmes de la sorte, vous le paierez tous de la mort.

DON JUAN

Alors, vous me laissez un bien long répit ! On a raison de t'appeler Catalinón.

CATALINÓN

Fais comme tu voudras. Mais plutôt que de duper les femmes, je veux être Catalinón. Voici qu'arrive la malheureuse.

DON JUAN

Va-t'en et prépare les juments.

CATALINÓN

¡Pobre mujer! Harto bien
te pagamos la posada.

Vase Catalinón y sale Tisbea.

TISBEA

El rato que sin ti estoy,
estoy ajena de mí.

DON JUAN

Por lo que finges ansí,
ningún crédito te doy.

TISBEA

¿Por qué?

DON JUAN

Porque, si me amaras,
mi alma favorecieras.

TISBEA

Tuya soy.

DON JUAN

Pues di, ¿qué esperas,
o en qué, señora, reparas?

TISBEA

Reparo en que fue castigo
de amor el que he hallado en ti.

DON JUAN

Si vivo, mi bien, en ti,
a cualquier cosa me obligo.

CATALINÓN

Pauvre femme ! Nous payons vraiment bien ton hospitalité !

Catalinón sort. Entre Tisbea.

TISBEA

L'instant où je suis loin de toi, je ne suis plus en moi-même.

DON JUAN

Je n'accorde aucun crédit à tes propos déguisés.

TISBEA

Pourquoi ?

DON JUAN

Parce que, si tu m'aimais, tu comblerais mon cœur de tes faveurs.

TISBEA

Je suis à toi.

DON JUAN

Eh bien, dis, qu'attends-tu, que crains-tu, madame ?

TISBEA

Je crains, parce que l'amour qu'en toi j'ai trouvé est un châtiment de l'amour.

DON JUAN

Si je peux vivre en toi, mon bien, à n'importe quoi je m'engage.

Aunque yo sepa perder
en tu servicio la vida,
la diera por bien perdida,
y te prometo de ser
tu esposo.

TISBEA

Soy desigual
a tu ser.

DON JUAN

Amor es rey
que iguala con justa ley
la seda con el sayal.

TISBEA

Casi te quiero creer,
mas sois los hombres traidores.

DON JUAN

¿Posible es, mi bien, que ignores
mi amoroso proceder?
Hoy prendes con tus cabellos
mi alma.

TISBEA

Yo a ti me allano
bajo la palabra y mano
de esposo.

DON JUAN

Juro, ojos bellos,
que mirando me matáis,
de ser vuestro esposo.

Quand même je saurais que je dois perdre la vie à te servir, je la tiendrais pour justement perdue, et je te promets d'être ton époux.

TISBEA

Je ne suis pas ton égale.

DON JUAN

L'amour est un roi dont la juste loi fait de la bure l'égale de la soie.

TISBEA

Je veux presque te croire. Mais vous, les hommes, vous êtes perfides.

DON JUAN

Est-il possible, ma vie, que tu ignores de quelle façon je me conduis en amour ? Aujourd'hui, dans tes cheveux, tu emprisonnes mon cœur.

TISBEA

Je me soumets à toi sur la foi de ta promesse et de ta main que tu me donnes comme un époux.

DON JUAN

Je jure, beaux yeux qui me tuent d'un regard, d'être votre époux.

TISBEA

Advierte,
mi bien, que hay Dios y que hay muerte.

DON JUAN

¡Qué largo me lo fiáis!
Y mientras Dios me dé vida,
yo vuestro esclavo seré.
Esta es mi mano y mi fe.

TISBEA

No seré en pagarte esquiva.

DON JUAN

Ya en mí mismo no sosiego.

TISBEA

Ven, y será la cabaña
del amor que me acompaña
tálamo de nuestro fuego.
Entre estas cañas te esconde
hasta que tenga lugar.

DON JUAN

¿Por dónde tengo de entrar?

TISBEA

Ven y te diré por donde.

DON JUAN

Gloria al alma, mi bien, dais.

TISBEA

Esa voluntad te obligue,
y si no, Dios te castigue.

TISBEA

Prends garde, songe, ma vie, qu'il y a Dieu et qu'il y a la mort.

DON JUAN

Vous me laissez un bien long répit ! Et tant que je vivrai, je serai votre esclave, voici ma main et voici ma foi.

TISBEA

Je te paierai sans aucune réserve.

DON JUAN

Voici que je ne me possède plus.

TISBEA

Viens, et que ma cabane, par l'amour qui m'accompagne, soit le lit nuptial de notre feu. Cache-toi dans les roseaux, en attendant que je trouve un moment propice.

DON JUAN

Par où dois-je entrer ?

TISBEA

Viens et je te montrerai par où.

DON JUAN

Ma vie, vous mettez le paradis en mon cœur.

TISBEA

Que cet amour t'oblige, sinon, que Dieu te punisse !

DON JUAN

¡Qué largo me lo fiáis!

Vanse y sale Coridón, Anfriso, Belisa y músicos.

CORIDÓN

Ea, llamad a Tisbea
y los zagales llamad,
para que en la soledad
el huésped la corte vea.

ANFRISO

¡Tisbea, Usindra, Atandria!
No vi cosa más cruel.
¡Triste y mísero de aquel
que en su fuego es salamandria!
Antes que el baile empecemos,
a Tisbea prevengamos.

BELISA

Vamos a llamarla.

CORIDÓN

Vamos.

BELISA

A su cabaña lleguemos.

CORIDÓN

¿No ves que estará ocupada
con los huéspedes dichosos,
de quien hay mil envidiosos?

ANFRISO

Siempre es Tisbea envidiada.

DON JUAN

Vous me laissez un bien long répit !

Ils sortent. Entrent Coridón, Anfriso, Belisa et des musiciens.

CORIDÓN

Allez, appelez Tisbea, appelez les bergers, afin que notre hôte voie la Cour dans notre solitude.

ANFRISO

Tisbea, Usindra, Atandria ! Jamais je n'ai vu chose plus cruelle ! Triste et malheureux celui qui est salamandre de son propre feu. Appelons Tisbea avant de commencer le bal.

BELISA

Allons l'appeler.

CORIDÓN

Allons.

BELISA

Allons jusqu'à sa cabane.

CORIDÓN

Ne vois-tu pas qu'elle doit être occupée par des hôtes comblés, qui font mille envieux ?

ANFRISO

Tisbea est toujours enviée.

BELISA

Cantad algo mientras viene,
porque queremos bailar.

ANFRISO

¿Cómo podrá descansar
cuidado que celos tiene?

Cantan

A pescar salió la niña,
tendiendo redes;
y, en lugar de peces,
las almas prende.

Sale Tisbea.

TISBEA

¡Fuego, fuego, que me quemo,
que mi cabaña se abrasa!
Repicad a fuego, amigos,
que ya dan mis ojos agua.
Mi pobre edificio queda
hecho otra Troya en las llamas,
que después que faltan Troyas,
quiere amor quemar cabañas.
Mas si amor abrasa peñas
con gran ira y fuerza extraña,
mal podrán de su rigor
reservarse humildes pajas.
¡Fuego, zagales, fuego, agua, agua!
¡Amor, clemencia, que se abrasa el alma!
¡Ay, choza, vil instrumento
de mi deshonra y mi infamia!
¡Cueva de ladrones fiera,
que mis agravios ampara!

BELISA

Chantez quelque chose tandis qu'elle vient, car nous voulons danser.

ANFRISO

Comment le cœur plein de jalousie peut-il apaiser ses tourments ?

[DES MUSICIENS], *chantent en coulisses.*

La fillette est allée pêcher,
est allée tendre ses filets.
Mais au lieu de poissons
ce sont des cœurs qu'elle prend.

Entre Tisbea.

TISBEA

Au feu ! au feu ! je brûle, ma cabane est embrasée, sonnez au feu, mes amis, mon cœur verse bien des larmes. Ma pauvre demeure, autre Troie, est maintenant en flammes ; car maintenant qu'il n'y a plus de Troie, l'amour veut brûler des chaumières. Mais si l'amour embrase les pierres, avec grande colère et une force inouïe, d'humbles chaumes ne pourront par sa rigueur être épargnés. Au feu ! Bergers, au feu ! De l'eau ! De l'eau ! Amour, clémence ! Mon cœur est embrasé ! Ah ! chaumière, vil instrument de mon déshonneur et de mon infamie ! Sauvage caverne de voleurs qui protège mes outrages !

Rayos de ardientes estrellas
en tus cabelleras caigan,
porque abrasadas estén,
si del viento mal peinadas.
¡Ah, falso huésped, que dejas
una mujer deshonrada!
Nube que del mar salió
para anegar mis entrañas.
¡Fuego, fuego, zagales, agua, agua!
¡Amor, clemencia, que se abrasa el alma!
Yo soy la que hacía siempre
de los hombres burla tanta;
que siempre las que hacen burla
vienen a quedar burladas.
Engañóme el caballero
debajo de fe y palabra
de marido, y profanó
mi honestidad y mi cama.
Gozóme al fin, y yo propia
le di a su rigor las alas
en dos yeguas que crié,
con que me burló y se escapa.
Seguilde todos, seguilde.
Mas no importa que se vaya,
que en la presencia del rey
tengo de pedir venganza.
¡Fuego, fuego, zagales, agua, agua!
¡Amor, clemencia, que se abrasa el alma!

Vase Tisbea.

CORIDÓN

Seguid al vil caballero.

ANFRISO

¡Triste del que pena y calla!

Que les rayons d'ardentes étoiles s'abattent sur ta chevelure et que, du vent mal peignée, elle soit la proie des flammes ! Ah ! hôte plein de traîtrise qui abandonnes une femme que tu as déshonorée ! Nuée surgie de la mer pour noyer mes entrailles ! Au feu, au feu ! Bergers, de l'eau, de l'eau, mon cœur est embrasé ! Amour, clémence ! Mon cœur s'embrase ! Me voici, moi qui tant me riais des hommes. Toujours celles qui se rient des autres sont un jour objets de risée. Le gentilhomme m'a trompée en me donnant sa promesse et sa parole d'époux ; il a profané mon honneur et ma couche. Enfin, il m'a possédée et j'ai donné moi-même à sa rigueur des ailes avec les deux juments que j'avais élevées et grâce auxquelles, après m'avoir dupée, il s'enfuit. Poursuivez-le tous ! Poursuivez-le ! Mais qu'importe s'il fuit : devant le roi, j'irai demander vengeance ! Au feu, au feu ! Bergers, de l'eau, de l'eau ! Amour, clémence ! Mon cœur s'embrase !

Tisbea sort.

CORIDÓN

Poursuivez ce vil gentilhomme !

ANFRISO

Malheureux celui qui souffre et se tait.

Mas ¡ vive el cielo ! que en él,
me he de vengar desta ingrata.
Vamos tras ella nosotros,
porque va desesperada,
y podrá ser que ella vaya
buscando mayor desgracia.

CORIDÓN

Tal fin la soberbia tiene.
Su locura y confianza
paró en esto.

Dice Tisbea dentro.

TISBEA

¡ Fuego, fuego !

ANFRISO

Al mar se arroja.

CORIDÓN

Tisbea, detente y para.

TISBEA

¡ Fuego, fuego, zagales, agua, agua !
¡ Amor, clemencia, que se abrasa el alma !

Mais par le Ciel ! sur lui je vais me venger de cette ingrate ! Allons tous avec elle, car elle est désespérée, et il se pourrait qu'elle cherche un plus grand malheur.

CORIDÓN

C'est ainsi que finit l'orgueil. Sa folie et sa présomption l'ont menée là.

TISBEA, *en coulisses.*

Au feu, au feu !

ANFRISO

Elle se jette à la mer !

CORIDÓN

Tisbea, arrête ! Arrête !

TISBEA

Au feu, au feu, bergers, de l'eau, de l'eau ! Amour, clémence ! Mon cœur s'embrase !

JORNADA SEGUNDA

Alcázar de Sevilla.

Sale el rey don Alfonso y don Diego Tenorio, de barba.

EL REY

¿Qué me dices?

DON DIEGO

Señor, la verdad digo.
Por esta carta estoy del caso cierto,
que es de tu Embajador y de mi hermano :
halláronle en la cuadra del rey mismo
con una hermosa dama de palacio.

EL REY

¿Qué calidad?

DON DIEGO

Señor, la duquesa
Isabela.

DEUXIÈME JOURNÉE

Dans l'Alcázar de Séville.

Entrent le roi don Alphonse et don Diego Tenorio, père noble.

LE ROI

Que me dis-tu ?

DON DIEGO

Sire, je dis la vérité. Je suis assuré de cette affaire par cette lettre qui est de ton ambassadeur, mon frère : on l'a trouvé dans les appartements du roi lui-même, avec une belle dame du palais.

LE ROI

Sa qualité ?

DON DIEGO

Sire, c'est la duchesse Isabela.

EL REY

¿Duquesa?

DON DIEGO

Por lo menos.

EL REY

¡Atrevimiento temerario! ¿Y dónde
ahora está?

DON DIEGO

Señor, a vuestra Alteza
no he de encubrille la verdad : anoche
a Sevilla llegó con un criado.

EL REY

Ya conocéis, Tenorio, que os estimo,
y al rey informaré del caso luego,
casando a ese rapaz con Isabela,
volviendo a su sosiego al duque Octavio,
que inocente padece; y luego al punto,
haced que don Juan salga desterrado.

DON DIEGO

¿Adónde, mi señor?

EL REY

Mi enojo vea
en el destierro de Sevilla; salga
a Lebrija esta noche, y agradezca
sólo al merecimiento de su padre...
Pero decid, don Diego, ¿qué diremos
a Gonzalo de Ulloa, sin que erremos?
Caséle con su hija, y no sé cómo
lo puedo ahora remediar.

LE ROI

Duchesse ?

DON DIEGO

Rien de moins.

LE ROI

Téméraire audace ! Et où est-il à présent ?

DON DIEGO

Sire, à Votre Altesse je ne dois pas cacher la vérité ; hier soir, il est arrivé à Séville avec un valet.

LE ROI

Vous savez, Tenorio, que je vous estime ; je vais sans délai informer le roi de Naples sur cette affaire ; nous marierons ce garnement à Isabela et redonnerons la paix au duc Octavio, lui qui est l'innocente victime ; et faites sur-le-champ exiler don Juan.

DON DIEGO

Où, Sire ?

LE ROI

Afin qu'il sente mon courroux, qu'il soit banni de Séville ; qu'il parte pour Lebrija ce soir même et qu'il n'en soit reconnaissant qu'aux mérites de son père[1]... Mais enfin, don Diego, qu'allons-nous dire, sans lui faire offense, à Gonzalo de Ulloa ? J'ai marié votre fils à sa fille et je ne sais à présent comment arranger cela.

1. Don Juan doit aux mérites de son père l'indulgence du roi, qui le bannit de Séville, mais lui fixe comme résidence la bourgade de Lebrija, qui ne se trouve qu'à une soixantaine de kilomètres de la métropole andalouse.

DON DIEGO

Pues mira,
gran señor, qué mandas que yo haga
que esté bien al honor de esta señora,
hija de un padre tal.

EL REY

Un medio tomo,
con que absolvello del enojo entiendo :
Mayordomo mayor pretendo hacelle.

Sale un criado.

CRIADO

Un caballero llega de camino,
y dice, señor, que es el duque Octavio.

EL REY

¿El duque Octavio ?

CRIADO

Sí, señor.

EL REY

Sin duda
que supo de don Juan el desatino,
y que viene, incitado a la venganza,
a pedir que le otorgue desafío.

DON DIEGO

Gran señor, en tus heroicas manos
está mi vida, que mi vida propria
es la vida de un hijo inobediente ;
que, aunque mozo, gallardo y valeroso,

DON DIEGO

Grand Roi, vois ce que tu m'ordonnes de faire, qui convienne à l'honneur de cette dame, fille d'un tel père.

LE ROI

J'ai un moyen qui, je crois, lui fera oublier cette offense. Je veux faire de lui mon grand majordome.

Entre un valet.

LE VALET

Un gentilhomme, Sire, en tenue de voyage, vient d'arriver ; il dit être le duc Octavio.

LE ROI

Le duc Octavio ?

LE VALET

Oui, Sire.

LE ROI

Sans doute a-t-il appris les folies de don Juan et vient-il, mû par la vengeance, me demander la permission de le défier.

DON DIEGO

Grand Roi, ma vie repose entre tes mains héroïques ; la vie de ce fils désobéissant est ma propre vie. Quoiqu'il soit bien jeune, hardi et plein d'ardeur

y le llaman los mozos de su tiempo
el Héctor de Sevilla, porque ha hecho
tantas y tan extrañas mocedades,
la razón puede mucho. No permitas
el desafío, si es posible.

EL REY

Basta.
Ya os entiendo, Tenorio : honor de padre.
Entre el duque.

DON DIEGO

Señor, dame esas plantas.
¿Cómo podré pagar mercedes tantas?

Sale el duque Octavio, de camino.

OCTAVIO

A esos pies, gran señor, un peregrino,
mísero y desterrado, ofrece el labio,
juzgando por más fácil el camino
en vuestra gran presencia.

EL REY

Duque Octavio...

OCTAVIO

Huyendo vengo el fiero desatino
de una mujer, el no pensado agravio
de un caballero que la causa ha sido
de que así a vuestros pies haya venido.

EL REY

Ya, duque Octavio, sé vuestra inocencia.
Yo al rey escribiré que os restituya
en vuestro estado, puesto que el ausencia
que hicisteis algún daño os atribuya.

et que les jeunes gens de son âge l'appellent l'Hector de Séville pour toutes ses extravagantes folies de jeunesse, la raison a beaucoup de pouvoir. Si cela est possible, ne permets pas le défi.

LE ROI

Suffit. Je vous comprends, Tenorio. Honneur de père. Qu'on fasse entrer le duc.

DON DIEGO

Sire, laisse-moi à tes pieds me prosterner. Comment pourrai-je m'acquitter de tant de bienfaits ?

Entre le duc Octavio, en costume de voyage.

OCTAVIO

À vos pieds, Grand Roi, un pèlerin misérable et proscrit offre ses lèvres ; maintenant, en votre auguste présence, le chemin lui paraît moins rude.

LE ROI

Duc Octavio…

OCTAVIO

J'arrive, fuyant la folie cruelle d'une femme, l'offense inouïe d'un gentilhomme qui est la cause de ma présence, ici, à vos pieds.

LE ROI

Je sais déjà, duc Octavio, votre innocence ; j'écrirai moi-même au roi de Naples afin qu'il vous rétablisse en votre état, même si votre fuite vous a causé quelques torts.

Yo os casaré en Sevilla con licencia
y con perdón y gracia suya,
que puesto que Isabela un ángel sea,
mirando la que os doy, ha de ser fea.
Comendador mayor de Calatrava
es Gonzalo de Ulloa, un caballero
a quien el moro por temor alaba,
que siempre es el cobarde lisonjero.
Este tiene una hija en quien bastaba
en dote la virtud, que considero,
después de la beldad, que es maravilla ;
y el sol de ella es estrella de Castilla.
Esta quiero que sea vuestra esposa.

OCTAVIO

Cuando este viaje le emprendiera
a sólo eso, mi suerte era dichosa
sabiento yo que vuestro gusto fuera.

EL REY

Hospedaréis al duque, sin que cosa
en su regalo falte.

OCTAVIO

Quien espera
en vos, señor, saldrá de premios lleno.
Primero Alfonso sois, siendo el onceno.

Vanse.

Una calle en Sevilla.

RIPIO

¿ Qué ha sucedido ?

Je vous marierai à Séville avec sa permission, son pardon et sa grâce. Et même si Isabela est un ange, auprès de celle que je vous donne, elle paraîtra laide. Gonzalo de Ulloa est grand commandeur de Calatrava et un gentilhomme dont les Maures, par crainte, chantent les louanges ; toujours le lâche est flatteur. Don Gonzalo a une fille dont la vertu était dot suffisante, mais cette vertu, selon moi, vient après sa beauté qui est merveilleuse ; et l'éclatant soleil de cette beauté est l'étoile de Castille. C'est elle que je vous veux donner pour épouse.

OCTAVIO

Quand j'aurais entrepris ce voyage à cette seule fin, ma fortune eût été comblée, sachant que tel était votre désir.

LE ROI

Logez le duc et que rien ne manque à ses aises.

OCTAVIO

Celui qui met en vous ses espoirs, Sire, sera comblé de biens. Alphonse le onzième, vous êtes le premier Alphonse.

Ils sortent.

Dans une rue de Séville.

[Entrent le duc Octavio et Ripio.]

RIPIO

Que s'est-il passé ?

OCTAVIO

Que he hado
el trabajo recebido,
conforme me ha sucedido,
desde hoy por bien empleado.
Hablé al rey, viome y honróme.
César con el César fui,
pues vi, peleé y vencí;
y hace que esposa tome
de su mano, y se prefiere
a desenojar al rey
en la fulminada ley.

RIPIO

Con razón el nombre adquiere
de generoso en Castilla.
Al fin, ¿te llegó a ofrecer
mujer?

OCTAVIO

Sí, amigo, mujer
de Sevilla, que Sevilla
da, si averiguallo quieres,
porque de oíllo te asombres,
si fuertes y airosos hombres,
también gallardas mujeres.
Un manto tapado, un brío,
donde un puro sol se asconde,
si no es en Sevilla, ¿adónde
se admite? El contento mío
es tal que ya me consuela
en mi mal.

Sale don Juan y Catalinón.

OCTAVIO

Il se passe qu'à partir d'aujourd'hui, considérant l'issue de cette affaire, je vois que mes tourments passés ne furent pas peine perdue ! J'ai parlé au roi. Il m'a reçu et honoré. J'ai été César avec César puisque j'ai vu, j'ai lutté, j'ai vaincu ; il veut que je reçoive une épouse de sa main et s'offre à apaiser le courroux du roi de Naples qui a prononcé contre moi l'arrêt d'exil.

RIPIO

C'est à juste titre qu'il porte le nom de généreux qu'on lui donne en Castille. Mais enfin, a-t-il fini par t'offrir une femme ?

OCTAVIO

Oui, mon ami, et une femme de Séville ; et si tu veux l'apprendre, afin de t'étonner, sache que si Séville est mère des hommes beaux et forts, elle donne aussi des femmes très belles. Un grand châle qui couvre la moitié du visage[1], un éclat où se cache un pur soleil, où trouve-t-on cela si ce n'est à Séville ? Ma joie est si grande qu'elle a guéri ma douleur.

Entrent don Juan et Catalinón.

1. Le *manto* était un grand et long châle qui couvrait la tête, une partie du visage et descendait jusqu'aux hanches. Il dissimulait si bien que les femmes s'en servaient pour n'être pas reconnues. On disait de ces femmes qu'elles étaient *medio tapadas*, « à moitié voilées », ou *iban tapadas*, « elles étaient voilées ». Cette pratique, qui évoque tout un monde de tromperies, d'interdits transgressés et d'aventures diverses, est comme l'équivalent féminin du masculin *embozo* (voir n. 1, p. 22-23).

CATALINÓN

Señor : detente,
que aquí está el duque, inocente
Sagitario de Isabela,
aunque mejor le dijera
Capricornio.

DON JUAN

Disimula.

CATALINÓN

Cuando le vende le adula.

DON JUAN

Como a Nápoles dejé
por enviarme a llamar
con tanta priesa mi rey,
y como su gusto es ley,
no tuve, Octavio, lugar
de despedirme de vos
de ningún modo.

OCTAVIO

Por eso,
don Juan, amigo os confieso :
que hoy nos juntamos los dos
en Sevilla.

DON JUAN

¡Quién pensara,
duque, que en Sevilla os viera
para que en ella os sirviera,
como yo lo deseara!
Dejáis, mas aunque es lugar
Nápoles tan excelente,

CATALINÓN

Seigneur, arrête-toi ; voici que vient le duc, innocent Sagittaire d'Isabela, mais je ferais mieux de dire… Capricorne[1].

DON JUAN

Dissimule.

CATALINÓN, *à part.*

Quand il vend quelqu'un, il l'adule.

DON JUAN

Parce que j'ai quitté Naples, appelé de façon très pressante par mon roi[2] — son plaisir fait loi —, je n'ai pas eu l'occasion, Octavio, de prendre congé de vous de quelque manière que ce fût.

OCTAVIO

Laissons cela, don Juan, je vous redis mon amitié ; ainsi, nous voici aujourd'hui tous les deux à Séville.

DON JUAN

Qui aurait pu penser, Duc, que je vous verrais à Séville, et que je pourrais vous y servir, comme c'est mon désir ? Vous avez quitté Naples, ami, mais si Naples est un lieu magnifique,

1. Jeu de mots sur les termes « Sagittaire » et « Capricorne ». Ces jeux de mots, ou *conceptos,* sur les signes du zodiaque, notamment Bélier, Capricorne et Taureau, reviennent souvent dans la littérature espagnole du XVIIe siècle. Ils visent métaphoriquement les cocus. Ici, Octavio, amoureux d'Isabela, lui lance les flèches de Cupidon, il est donc Sagittaire ; mais comme il porte les douloureuses cornes que don Juan, par sa traîtrise, lui inflige, il est Capricorne.

2. Le roi de Castille, par opposition au roi de Naples.

por Sevilla solamente
se puede, amigo, dejar.

OCTAVIO

Si en Nápoles os oyera
y no en la parte que estoy,
del crédito que ahora os doy
sospecho que me riera.
Mas llegándola a habitar
es, por lo mucho que alcanza,
corta cualquiera alabanza
que a Sevilla queréis dar.
¿Quién es el que viene allí?

DON JUAN

El que viene es el marqués
de la Mota. Descortés
es fuerza ser.

OCTAVIO

Si de mí
algo hubiereis menester,
aquí espada y brazo está.

CATALINÓN, *aparte*.

Y si importa gozará
en su nombre otra mujer;
que tiene buena opinión.

DON JUAN

De vos estoy satisfecho.

CATALINÓN

Si fuere de algún provecho,
señores, Catalinón,

on ne peut le quitter que pour Séville.

OCTAVIO

Si je vous avais entendu à Naples et non ici, je crois que j'aurais ri du crédit que j'accorde à vos paroles. Mais dès qu'on y habite, toute louange de Séville que vous puissiez faire, pour extrême qu'elle soit, semble bien courte. Quel est celui qui vient là ?

DON JUAN

Celui qui vient est le marquis de la Mota. Je vais devoir manquer de courtoisie.

OCTAVIO

Si vous avez besoin de moi, vous avez ici un bras et une épée.

CATALINÓN, *à part.*

Et s'il est nécessaire, il possédera, à sa place, une autre femme. Il ne doute de rien.

DON JUAN

Vos manières me remplissent d'aise.

CATALINÓN

Et si Catalinón peut être de quelque utilité, messieurs,

vuarcedes continuamente
me hallarán para servillos.

RIPIO

¿Y dónde?

CATALINÓN

En los Pajarillos,
tabernáculo excelente.

Vase Octavio y Ripio, y sale el marqués de la Mota.

MOTA

Todo hoy os ando buscando,
y no os he podido hallar.
¿Vos, don Juan, en el lugar,
y vuestro amigo penando
en vuestra ausencia?

DON JUAN

¡Por Dios,
amigo, que me debéis
esa merced que me hacéis!

CATALINÓN, *aparte.*

Como no le entreguéis vos
moza o cosa que lo valga,
bien podéis fiaros dél,
que en cuanto en esto es cruel,
tiene condición hidalga.

DON JUAN

¿Qué hay de Sevilla?

toujours Vos Grâces me trouveront prêt à les servir.

RIPIO

Et où ?

CATALINÓN

Aux Oisillons, tabernacle[1] excellent.

Octavio et Ripio sortent. Entre le marquis de la Mota (accompagné de son valet).

MOTA

Toute la journée je vous ai cherché sans pouvoir vous trouver. Vous, don Juan, à Séville et votre ami souffrant de votre absence !

DON JUAN

Par Dieu, ami, vous me devez cette grâce que vous me faites.

CATALINÓN, *à part.*

Du moment que vous ne lui mettez pas entre les mains une fille, ou quelque chose qui soit de même utilité, vous pouvez vous fier à lui ; car si en cela il est cruel, pour le reste il est gentilhomme.

DON JUAN

Quoi de nouveau à Séville ?

1. *Tabernáculo* (« tabernacle ») désigne ici, très populairement, et dans une langue picaresque, un cabaret (*taberna*). Dans les pays de forte tradition catholique, un grand nombre d'expressions populaires visant des objets vulgaires ou tabous sont désignés, par antiphrase, à l'aide de mots ou d'expressions empruntés au vocabulaire religieux.

MOTA

Está ya
toda esta corte mudada.

DON JUAN

¿Mujeres?

MOTA

Cosa juzgada.

DON JUAN

¿Inés?

MOTA

A Vejel se va.

DON JUAN

Buen lugar para vivir
la que tan dama nació.

MOTA

El tiempo la desterró
a Vejel.

DON JUAN

Irá a morir.
¿Constanza?

MOTA

Es lástima vella
lampiña de frente y ceja.
Llámale el portugués vieja,
y ella imagina que bella.

MOTA

Dans cette cité tout est changé.

DON JUAN

Les femmes ?

MOTA

L'affaire est entendue.

DON JUAN

Inès ?

MOTA

Elle s'en va à Vejel[1].

DON JUAN

C'est un endroit pour qu'y vive celle qui si dame naquit[2].

MOTA

Le temps l'a exilée à Vejel.

DON JUAN

Qu'elle y meure. Constanza ?

MOTA

Elle fait peine à voir, rare le cheveu, rare le sourcil. Les Portugais l'appellent vieille et elle croit entendre belle.

1. Vejer de la Frontera est une ville d'Andalousie. On peut écrire Vejer ou Vejel. Le mot fait phonétiquement écho à *vejez*, « vieillesse », non prononcé, mais sous-entendu. La pauvre femme est exilée au pays de vieillesse.

2. La réplique est évidemment ironique.

DON JUAN

Sí, que *velha* en portugués
suena vieja en castellano.
¿Y Teodora?

MOTA

Este verano
se escapó del mal francés
por un río de sudores;
y está tan tierna y reciente,
que anteayer me arrojó un diente
envuelto entre muchas flores.

DON JUAN

¿Julia, la del Candilejo?

MOTA

Ya con sus afeites lucha.

DON JUAN

¿Véndese siempre por trucha?

MOTA

Ya se da por abadejo.

DON JUAN

El barrio de Cantarranas,
¿tiene buena población?

1. Maintenant, l'allusion est claire, puisque tout le jeu phonique et sémantique repose sur la ressemblance orale du mot espagnol *bella*, « belle », avec le mot portugais *velha*, « vieille ».

2. Le « mal français » désignait pour les Espagnols la syphilis, que les Français appelaient « mal italien ». À l'époque, on essayait de traiter cette maladie en soumettant le patient à des suées, censées extirper le mal.

DON JUAN

Certes, car en portugais *velha* sonne comme en espagnol *bella*[1]. Et Teodora ?

MOTA

Cet été, elle a échappé au mal français grâce à un fleuve de sueur[2] ; elle est depuis si jeune et si fraîche qu'avant-hier elle m'a craché une dent avec mille autres belles fleurs.

DON JUAN

Julia, celle de la rue de la Lanterne[3] ?

MOTA

Elle se bat avec ses fards[4].

DON JUAN

Elle continue à se vendre pour de la truite ?

MOTA

Maintenant elle se donne, comme une morue.

DON JUAN

Le quartier de Chanterainettes est-il bien peuplé ?

3. La rue du Candilejo (« de la lanterne ») est une des rues mal famées du quartier de Cantarranas (« Chanterainettes »). Qu'il y eût réellement, dans les bas-fonds humides de la ville, des grenouilles, rien d'invraisemblable à cela. *Rana*, « rainette », désigne ici la fille de joie déjà bien âgée et peu ragoûtante, plus loin appelée « morue », *abadejo*, par opposition aux plus jeunes, désignées par le mot *trucha*, « truite », morceau de choix.

4. Les produits de beauté de l'Espagnole du XVIIe siècle étaient nombreux et variés. Le mercure sublimé (*solimán*) donnait au teint la blancheur obligatoire. Malheureusement, la composition du produit causait à l'élégante des troubles de santé et dégradait rapidement la peau du visage.

MOTA

Ranas las más dellas son.

DON JUAN

¿Y viven las dos hermanas?

MOTA

Y la mona de Tolú
de su madre Celestina
que les enseña doctrina.

DON JUAN

¡Oh, vieja de Bercebú!
¿Cómo la mayor está?

MOTA

Blanca, sin blanca ninguna:
tiene un santo a quien ayuna.

DON JUAN

¿Agora en vigilias da?

MOTA

Es firme y santa mujer.

DON JUAN

¿Y esotra?

1. Ville de Colombie. Les singes qui en provenaient étaient très fameux au Siècle d'or.

2. Jeu de mots conceptiste qui repose sur les différents contenus sémantiques du mot *blanca.* Le sens le plus ordinaire est « blanche », féminin de « blanc » ; un autre sens, présent ici, est « fièvre blanche », née du désespoir d'amour, et enfin « monnaie de laiton de peu de valeur, sou ». Cette monnaie

MOTA

Rainettes presque toutes.

DON JUAN

Les deux sœurs vivent-elles ?

MOTA

Et aussi cette guenon de Tolu[1], leur maquerelle de mère qui leur enseigne la doctrine.

DON JUAN

Oh ! la vieille de Belzébuth !... Comment va l'aînée ?

MOTA

Blanca, sans un sou[2], elle a un saint pour qui jeûner.

DON JUAN

Elle donne maintenant dans l'abstinence ?

MOTA

C'est une ferme et sainte femme.

DON JUAN

Et l'autre ?

avait été frappée dans une période difficile d'inflation, où l'Espagne entretenait des guerres dispendieuses et employait l'or des Amériques — le peu qui lui en parvenait — à payer ses créanciers. Ici, pour clore le jeu de mots, Mota suggère que cette femme, dont les charmes ne rapportent plus guère, manque d'argent (*blanca*) et devient blême (*blanca*), à force de jeûner.

MOTA

Mejor principio
tiene ; no desecha ripio.

DON JUAN

Buen albañir quiere ser.
Marqués, ¿ qué hay de perros muertos ?

MOTA

Yo y don Pedro de Esquivel
dimos anoche un cruel,
y esta noche tengo ciertos
otros dos.

DON JUAN

Iré con vos,
que también recorreré
cierto nido que dejé
en güevos para los dos.
¿ Qué hay de terrero ?

MOTA

No muero
en terrero, que en… terrado
me tiene mayor cuidado.

1. Jeu de mots complexe sur les différents sens du mot *ripio*, « morceau ou éclat de pierre ». Ce premier sens amène l'allusion au maçon, dans la réplique suivante. Le maçon est maître dans l'art d'utiliser ces morceaux de pierre, mais ce premier sens est dépassé dans l'expression *no desechar ripio* (mot à mot : « ne pas jeter le moindre morceau de pierre »), qui a pour sens « ne pas perdre une occasion », première valeur métaphorique. La seconde intervient avec une autre expression usuelle : *poner ripio*, « remplir un texte ou une conversation de choses inutiles ». Ici, la prostituée accepte n'importe quel galant, elle se contente de ce qu'elle trouve.

MOTA

Elle a un meilleur principe. Elle ne dédaigne pas un débris de pierre[1].

DON JUAN

Elle veut être bon maçon. Marquis, où en sont les coups fourrés[2] ?

MOTA

Don Pedro d'Esquivel et moi en avons fait un cruel hier soir et j'en ai deux autres assurés pour cette nuit.

DON JUAN

J'irai avec vous. J'irai voir un certain nid que j'ai laissé avec sa couvée pour nous deux. Quoi de neuf aux terrasses[3] ?

MOTA

Je ne meurs pas en terrasse… Un plus grand souci m'assaille, je meurs… enterré.

2. Dans le texte : *perros muertos,* littéralement : « chiens morts ». Dans son *Vocabulario de refranes y frases proverbiales* (1627) Gonzalo Correas cite l'expression « *dar perro muerto* : se dit à la cour lorsque quelqu'un trompe une dame amoureuse en lui faisant croire qu'il est un grand seigneur ». Et d'après le *Diccionario de lengua castellana compuesto por la Real Academia española* (Madrid, 1726-1739) : « *perro* […], le dommage ou la duperie dont on est victime dans quelque accord ou contrat, soit par l'incommodité, soit par le désagrément que l'on subit, en attendant longtemps quelqu'un ou quelque chose qui ne vient pas ou ne se réalise pas ; on dit alors *dar perro* ou *perro muerto* ».

3. Esplanade où les jeunes gens désœuvrés de l'aristocratie regardaient passer les femmes à la promenade et préparaient quelque bon tour. Mota, dans sa réplique, va jouer sur les mots *terrero,* « terrasse », et *enterrado,* « enterré ».

DON JUAN

¿Cómo?

MOTA

Un imposible quiero.

DON JUAN

Pues ¿no os corresponde?

MOTA

Sí,
me favorece y estima.

DON JUAN

¿Quién es?

MOTA

Doña Ana, mi prima,
que es recién llegada aquí.

DON JUAN

Pues ¿dónde ha estado?

MOTA

En Lisboa,
con su padre en la embajada.

DON JUAN

¿Es hermosa?

MOTA

Es extremada,
porque en doña Ana de Ulloa
se extremó naturaleza.

DON JUAN

Comment ?

MOTA

Je poursuis l'impossible.

DON JUAN

Serait-ce qu'on ne répond pas à votre amour ?

MOTA

Si, elle m'accorde des faveurs et me montre de l'estime.

DON JUAN

Qui est-ce ?

MOTA

Doña Ana, ma cousine, qui vient d'arriver à Séville.

DON JUAN

Et où était-elle ?

MOTA

À Lisbonne, avec son père, à l'ambassade.

DON JUAN

Est-elle belle ?

MOTA

Elle l'est extrêmement, car en doña Ana de Ulloa, la nature a porté ses talents à l'extrême.

DON JUAN

¿Tan bella es esa mujer?
¡Vive dios que la he de ver!

MOTA

Veréis la mayor belleza
que los ojos del rey ven.

DON JUAN

Casaos, pues es extremada.

MOTA

El rey la tiene casada,
y no se sabe con quién.

DON JUAN

¿No os favorece?

MOTA

Y me escribe.

CATALINÓN, *aparte*.

No prosigas, que te engaña
el gran burlador de España.

DON JUAN

¿Quién tan satisfecho vive?

MOTA

Agora estoy aguardando
la postrer resolución.

DON JUAN

Pues no perdáis la ocasión,
que aquí os estoy aguardando.

DON JUAN

Cette femme est belle à ce point? Vive Dieu, il faut que je la voie!

MOTA

Vous verrez la plus grande beauté que les yeux du roi puissent voir.

DON JUAN

Mariez-vous, puisque sa beauté est extrême.

MOTA

Le roi l'a déjà fiancée; on ne sait pas avec qui.

DON JUAN

Ne vous montre-t-elle pas sa faveur?

MOTA

Et elle m'écrit.

CATALINÓN, *à part.*

Arrête-toi. Le grand trompeur d'Espagne va te tromper.

DON JUAN

Qui donc vit plus heureux que vous?

MOTA

J'attends à présent sa dernière décision.

DON JUAN

Eh bien, ne perdez pas l'occasion; je vous attends ici.

MOTA

Ya vuelvo.

CATALINÓN

Señor Cuadrado
o señor Redondo, adiós.

CRIADO

Adiós.

Vase el Marqués, y el criado.

DON JUAN

Pues solos los dos,
amigo, habemos quedado,
sigue los pasos al marqués,
que en el palacio se entró.

Vase Catalinón, habla por una reja una mujer.

MUJER

Ce, ce, ¿a quién digo?

DON JUAN

¿Quién llamó?

MUJER

Pues sois prudente y cortés
y su amigo, dalde luego
al marqués este papel;
mirad que consiste en él
de una señora el sosiego.

DON JUAN

Digo que se lo daré :
soy su amigo y caballero.

MOTA

Je reviens sans tarder.

CATALINÓN

Monsieur Lecarré ou monsieur Lerond, adieu.

LE VALET

Adieu.

Le marquis et le valet sortent.

DON JUAN

Puisque nous restons tous les deux seuls, ami, suis les pas du marquis ; il est entré dans le palais.

Catalinón sort. Une femme parle à travers la grille d'une fenêtre.

LA FEMME

Psitt ! À qui ai-je l'honneur ?

DON JUAN

Qui vient d'appeler ?

LA FEMME

Puisque vous êtes sage et courtois, et que vous êtes son ami, donnez au plus vite ce billet au marquis ; songez qu'il y va de la paix d'une dame.

DON JUAN

Je dis que je le lui remettrai ; je suis son ami et je suis gentilhomme.

MUJER

Basta, señor forastero.
Adiós.

Vase.

DON JUAN

Ya la voz se fue.
¿No parece encantamento
esto que agora ha pasado?
A mí el papel ha llegado
por la estafeta del viento.
Sin duda que es de la dama
que el marqués me ha encarecido:
venturoso en esto he sido.
Sevilla a voces me llama
el Burlador, y el mayor
gusto que en mí puede haber
es burlar una mujer
y dejalla sin honor.
¡Vive Dios, que le he de abrir,
pues salí de la plazuela!
Mas, ¿si hubiese otra cautela?
Gana me da de reír.
Ya está abierto el papel,
y que es suyo es cosa llana,
porque aquí firma doña Ana.
Dice así: *Mi padre infiel*
en secreto me ha casado
sin poderme resistir;
no sé si podré vivir,
porque la muerte me ha dado.
Si estimas, como es razón,
mi amor y mi voluntad,
y si tu amor fue verdad,
muéstralo en esta ocasión.

LA FEMME

Cela suffit, monsieur l'étranger. Adieu.

Elle sort.

DON JUAN

Voici que la voix s'en est allée. Ce qui vient de se passer ne semble-t-il pas un enchantement ? Ce billet est venu jusqu'à moi par l'estafette du vent. Sans doute s'agit-il d'un billet de la dame que le marquis m'a vantée ; en cette affaire, j'ai de la chance. Séville à grands cris m'appelle le Trompeur, et le plus grand plaisir que je puisse éprouver est d'abuser une femme et de l'abandonner déshonorée. Vive Dieu ! Je vais ouvrir ce billet puisque j'ai quitté la petite place. Mais, s'il y avait encore quelque tromperie… ? J'ai envie de rire. Le billet est ouvert, et qu'il soit d'elle ne fait pas de doute, puisque je vois la signature de doña Ana. Voici ce qu'il dit :

Mon père, cruel, m'a promise en mariage, sans que je puisse m'y opposer : je ne sais si je pourrai vivre, puisqu'il m'a donné la mort. Si tu estimes, comme ils le méritent, l'amour et la tendresse que j'ai pour toi, et si ton amour est véritable, montre-le en cette occasion.

Porque veas que te estimo,
ven esta noche a la puerta,
que estará a las once abierta,
donde tu esperanza, primo,
goces, y el fin de tu amor.
Traerás, mi gloria, por señas,
de Leonorilla y las dueñas
una capa de color.
Mi amor todo de ti fío,
y adiós. » ¡ Desdichado amante !
¿ Hay suceso semejante ?
Ya de la burla me río.
Gozaréla ¡ vive Dios !
con el engaño y cautela
que en Nápoles a Isabela.

Sale Catalinón.

CATALINÓN

Ya el marqués viene.

DON JUAN

Los dos
aquesta noche tenemos
que hacer.

CATALINÓN

¿ Hay engaño nuevo ?

DON JUAN

Extremado.

CATALINÓN

No lo apruebo.
Tú pretendes que escapemos
una vez, señor, burlados ;

Et pour que tu voies combien je t'estime, viens cette nuit à ma porte ; à onze heures elle sera ouverte, cousin. Ton espérance y trouvera sa récompense et tu pourras jouir de ton amour. Tu porteras, mon cœur, afin que Leonorilla et les duègnes te reconnaissent, une cape de couleur. Je te confie tout mon amour, adieu.

Malheureux amant ! est-il semblable situation ? Je ris déjà de la tromperie. Je la posséderai, vive Dieu ! Et grâce au même stratagème et à la même ruse qui m'ont fait posséder Isabela, à Naples.

Entre Catalinón.

CATALINÓN

Le marquis arrive.

DON JUAN

Cette nuit, tous les deux, nous avons de la besogne.

CATALINÓN

Encore quelque fourberie ?

DON JUAN

Supérieure !

CATALINÓN

Je ne l'approuve pas. Tu veux, mon maître, qu'un jour ce soit nous les dupes ;

que el que vive de burlar
burlado habrá de escapar,
pagando tantos pecados
de una vez.

DON JUAN

¿Predicador
te vuelves, impertinente?

CATALINÓN

La razón hace al valiente.

DON JUAN

Y al cobarde hace el temor.
El que se pone a servir
voluntad no ha de tener,
y todo ha de ser hacer,
y nada ha de ser decir.
Sirviendo, jugando estás,
y si quieres ganar luego,
haz siempre, porque en el juego,
quien más hace gana más.

CATALINÓN

Y también quien hace y dice
pierde por la mayor parte.

DON JUAN

Esta vez quiero avisarte
porque otra vez no te avise.

CATALINÓN

Digo que de aquí adelante
lo que me mandas haré,
y a tu lado forzaré
un tigre, un elefante.

car qui vit de duper, un jour finira par être dupé, et il paiera tous ses péchés d'un coup.

DON JUAN

Deviendrais-tu sermonneur, impertinent ?

CATALINÓN

La raison fait le vaillant.

DON JUAN

Et la peur fait aussi le peureux. Celui qui devient serviteur n'a pas à avoir de volonté ; toujours il doit faire et ne jamais rien discuter. En servant, tu joues, et si tu veux gagner vite, fais toujours, car, au jeu, celui qui fait le plus gagne le plus[1].

CATALINÓN

Et aussi qui dit et qui fait perd la plus grosse part.

DON JUAN

Cette fois-ci je veux t'avertir, pour n'avoir pas à t'avertir encore.

CATALINÓN

Je dis qu'à partir de maintenant, je ferai ce que tu me commandes et qu'à tes côtés je forcerai un tigre et un éléphant.

1. Dans la dernière phrase de la réplique de don Juan, le jeu de mots porte sur des sens différents du verbe *hacer*, « faire » : aux cartes, tout comme en français, ce verbe a le sens de « donner », « distribuer ». Celui qui « donne » ou « distribue » peut, en effet, s'il est habile tricheur, se donner les meilleures cartes et gagner. La tromperie, la filouterie se retrouvent partout dans cette pièce.

Guárdese de mí un prior,
que si me mandas que calle
y le fuerce, he de forzalle
sin réplica, mi señor.

Sale el marqués de la Mota.

DON JUAN

Calla, que viene el marqués.

CATALINÓN

Pues, ¿ha de ser el forzado?

DON JUAN

Para vos, marqués, me han dado
un recaudo harto cortés
por esa reja, sin ver
el que me lo daba allí;
sólo en la voz conocí
que me lo daba mujer.
Dícete al fin que a las doce
vayas secreto a la puerta,
— que estará a las once abierta, —
donde tu esperanza goce
la posesión de tu amor,
y que llevases por señas
de Leonorilla y las dueñas
una capa de color.

MOTA

¿Qué dices?

DON JUAN

Que este recaudo
de una ventana me dieron,
sin ver quién.

Qu'un prieur se garde de moi, car si tu m'ordonnes de me taire et de le forcer, je le forcerai sans répliquer, mon maître.

Entre le marquis de la Mota.

DON JUAN

Tais-toi, voici le marquis.

CATALINÓN

Allons ! Est-ce lui que nous allons forcer ?

DON JUAN

À votre intention, Marquis, on m'a donné un message très civil, par cette grille, et je n'ai pu voir qui me le donnait. À la voix seule j'ai compris qu'une femme me le remettait. Enfin il te dit d'aller en secret à la porte à minuit — elle sera ouverte à onze heures — ; là tu jouiras de ton amour et ton espérance sera comblée : il te dit aussi de porter, afin d'être reconnu de Leonorilla et des duègnes, une cape de couleur.

MOTA

Que dis-tu ?

DON JUAN

Que ce billet m'a été donné d'une fenêtre sans que je puisse voir qui me le donnait.

MOTA

Con él pusieron
sosiego en tanto cuidado.
¡Ay amigo! Sólo en ti
mi esperanza renaciera.
Dame esos brazos.

DON JUAN

Considera
que no está tu prima en mí.
Eres tú quien ha de ser
quien la tiene de gozar,
¿y me llegas a abrazar
los pies?

MOTA

Es tal el placer,
que me ha sacado de mí.
¡Oh sol!, apresura el paso.

DON JUAN

Ya el sol camina al ocaso.

MOTA

Vamos, amigos, de aquí,
y de noche nos pondremos.
Loco voy!

DON JUAN, *aparte*.

Bien se conoce;
mas yo bien sé que a las doce
harás mayores extremos.

MOTA

¡Ay, prima del alma, prima,
que quieres premiar mi fe!

MOTA

Avec ce billet, on a apaisé tous mes soucis. Ah ! Mon ami ! Ce n'est qu'en toi que pouvait renaître mon espérance ! Viens que je t'embrasse !

DON JUAN

Attention ! Je ne suis pas ta cousine. C'est toi qui dois la posséder. Et c'est à mes pieds que tu te jettes !

MOTA

Mon plaisir est tel qu'il m'a fait perdre mon sang-froid. Soleil, presse le pas !

DON JUAN

Déjà le soleil marche vers le couchant.

MOTA

Partons d'ici, mes amis, et allons prendre nos vêtements de nuit… Je suis fou !

DON JUAN, *à part.*

Cela se voit !… Mais moi, je sais qu'à minuit tu feras de plus grandes folies.

MOTA

Ah ! Cousine, cousine de mon cœur, qui voulez récompenser ma foi !

CATALINÓN, *aparte.*

¡Vive Cristo, que no dé
una blanca por su prima!

Vase el marqués y sale don Diego.

DON DIEGO

¿Don Juan?

CATALINÓN

Tu padre te llama.

DON JUAN

¿Qué manda Vueseñoría?

DON DIEGO

Verte más cuerdo quería,
más bueno y con mejor fama.
¿Es posible que procuras
todas las horas mi muerte?

DON JUAN

¿Por qué vienes desa suerte?

DON DIEGO

Por tu trato y tus locuras.
Al fin el rey me ha mandado
que te eche de la ciudad,
porque está de una maldad
con justa causa indignado.
Que, aunque me lo has encubierto,
ya en Sevilla el rey lo sabe,
cuyo delito es tan grave,
que a decírtelo no acierto.
¿En el palacio real
traición y con un amigo?

CATALINÓN, *à part.*

Par le Christ, je ne donnerais pas un sou de sa cousine !

Le marquis sort. Entre don Diego.

DON DIEGO

Don Juan…

CATALINÓN

Ton père t'appelle.

DON JUAN

Qu'ordonne Votre Seigneurie ?

DON DIEGO

J'aurais voulu te voir plus sensé, moins mauvais, et de meilleure renommée. Est-ce possible qu'à chaque heure tu cherches à me faire périr ?

DON JUAN

Pourquoi te montres-tu si sévère ?

DON DIEGO

À cause de ta conduite et de tes folies. Enfin, le roi m'a ordonné de te bannir de cette ville, car il est justement indigné par une de tes scélératesses. Or, bien que tu me l'aies cachée, le roi, à Séville, est déjà au courant ; et ce délit est si grave que je ne puis t'en parler. Une traîtrise, dans le palais du roi, et envers un ami ?

Traidor, Dios te dé el castigo
que pide delito igual.
  Mira que, aunque al parecer
Dios te consiente y aguarda,
su castigo no se tarda,
y que castigo ha de haber
  para los que profanáis
su nombre, que es juez fuerte
Dios en la muerte.

DON JUAN

¿En la muerte?
¿Tan largo me lo fiáis?
  De aquí allá hay gran jornada.

DON DIEGO

Breve te ha de parecer.

DON JUAN

Y la que tengo de hacer,
pues a su Alteza le agrada,
  agora, ¿es larga también?

DON DIEGO

Hasta que el injusto agravio
satisfaga el duque Octavio,
y apaciguados estén
  en Nápoles de Isabela
los sucesos que has causado,
en Lebrija retirado
por tu traición y cautela,
  quiere el rey que estés agora :
pena a tu maldad ligera.

Traître ! Que Dieu t'inflige le châtiment qu'exige un tel forfait. Prends garde ! Quoique en apparence Dieu te supporte et te tolère, son châtiment ne saurait tarder, et toujours il garde un châtiment pour ceux qui, comme toi, profanent son nom. Dieu, au moment de la mort, est un juge terrible.

DON JUAN

Au moment de la mort ? Vous me laissez un si long répit ? D'ici là, long est le chemin.

DON DIEGO

Il te semblera court.

DON JUAN

Et ce chemin que je dois prendre, puisqu'il plaît ainsi à Son Altesse, est-il long, lui aussi ?

DON DIEGO

Jusqu'à ce que soit donnée satisfaction au duc Octavio, pour l'outrage injuste qu'il a subi, et qu'à Naples soient apaisés les remous des scandales que tu as causés, par ta traîtrise et ta fourberie, sur la personne d'Isabela, le roi veut que tu te retires sur-le-champ à Lebrija ; doux châtiment à ton forfait.

CATALINÓN, *aparte*.

Si el caso también supiera
de la pobre pescadora,
más se enojara el buen viejo.

DON DIEGO

Pues no te vence castigo
con cuanto hago y cuanto digo,
a Dios tu castigo dejo.

Vase.

CATALINÓN

Fuese el viejo enternecido.

DON JUAN

Luego las lágrimas copia,
condición de viejo propia.
Vamos, pues ha anochecido,
a buscar al marqués.

CATALINÓN

Vamos,
y al fin gozarás su dama.

DON JUAN

Ha de ser burla de fama.

CATALINÓN

Ruego al cielo que salgamos
della en paz.

DON JUAN

¡Catalinón,
en fin!

CATALINÓN, *à part.*

S'il savait également l'histoire de la pauvre pêcheuse, le bon vieux serait encore plus courroucé !

DON DIEGO

Puisque malgré tout ce que je fais et tout ce que je dis aucun châtiment n'a raison de toi, je laisse à Dieu le soin de te châtier.

Il sort.

CATALINÓN

Le vieux s'en va tout ému.

DON JUAN

Il va ensuite verser des torrents de larmes, c'est ce que font les vieillards. Mais allons chercher le marquis, car la nuit est tombée.

CATALINÓN

Allons, et au bout du compte, c'est toi qui posséderas sa dame.

DON JUAN

Cela va être une fourberie sans pareille.

CATALINÓN

Je prie le Ciel que nous nous en tirions sans mal.

DON JUAN

Catalinón, toujours capon !

CATALINÓN

Y tú, señor, eres
langosta de las mujeres,
y con público pregón,
porque de ti se guardara
cuando a noticia viniera
de la que doncella fuera,
fuera bien se pregonara :
¡Guárdense todos de un hombre
que a las mujeres engaña,
y es el burlador de España!

DON JUAN

Tú me has dado gentil nombre.

Sale el marqués, de noche, con músicos,
y pasea el tablado, y se entran cantando.

MÚSICOS

El que un bien gozar espera,
cuanto espera desespera.

DON JUAN

¿Qué es esto?

CATALINÓN

Música es.

MOTA

Parece que habla conmigo
el poeta. ¿Quién va?

1. Le criquet est nommé ici par référence aux sauterelles, qui, s'abattant sur ce pays, constituèrent la huitième des dix plaies d'Égypte, châtiment que Iahvé lui fit subir pour vaincre l'obstination de Pharaon, qui refusait d'en laisser sortir les Hébreux,

CATALINÓN

Et toi, mon maître, pour les femmes tu es un criquet[1] dévorant ; et afin que de toi se garde, quand elle l'apprendrait, celle qui serait encore pucelle, il serait bon de faire savoir, par avis publiquement annoncé « que tous se méfient d'un homme qui trompe les femmes : c'est lui le Trompeur d'Espagne ».

DON JUAN

Tu me donnes là un joli nom !

Entre le marquis en habit de nuit, avec des musiciens. Il se promène sur la scène, et les musiciens entrent en chantant.

LES MUSICIENS

Celui qui jouir d'un bien espère,
désespère autant qu'il espère.

DON JUAN

Qu'est-ce que c'est ?

CATALINÓN

C'est de la musique.

MOTA

On dirait que le poète parle pour moi. Qui va là ?

conduits par Moïse (Exode, VII-XI, *Ancien Testament*). L'Espagne aussi, au XVIIe siècle, subit à plusieurs reprises des invasions dévastatrices de criquets. Or don Juan, dans la pièce, est considéré et se considère comme le « châtiment des femmes ».

DON JUAN

Amigo.

MOTA

¿Es don Juan ?

DON JUAN

¿Es el marqués ?

MOTA

¿Quién puede ser sino yo ?

DON JUAN

Luego que la capa vi,
que érades vos conocí.

MOTA

Cantad, pues don Juan llegó.

Cantan

El que un bien gozar espera,
cuanto espera desespera.

DON JUAN

¿Qué casa es la que miráis ?

MOTA

De don Gonzalo de Ulloa.

DON JUAN

¿Dónde iremos ?

MOTA

A Lisboa.

DON JUAN

Un ami.

MOTA

C'est don Juan ?

DON JUAN

C'est le marquis ?

MOTA

Qui serait-ce d'autre que moi ?

DON JUAN

Dès que j'ai vu la cape, j'ai compris que c'était vous.

MOTA

Chantez, puisque don Juan est arrivé.

LES MUSICIENS

Celui qui jouir d'un bien espère,
désespère autant qu'il espère.

DON JUAN

Quelle maison regardez-vous là ?

MOTA

Celle de don Gonzalo de Ulloa.

DON JUAN

Où irons-nous ?

MOTA

À Lisbonne.

DON JUAN

¿Cómo, si en Sevilla estáis?

MOTA

Pues ¿aqueso os maravilla?
¿No vive, con gusto igual,
lo peor de Portugal
en lo mejor de Castilla?

DON JUAN

¿Dónde viven?

MOTA

En la calle
de la Sierpe, donde ves
Adán envuelto en portugués,
que en aqueste amargo valle
con bocados solicitan
mil Evas que, aunque en ducados,
en efecto son bocados
con que el dinero nos quitan.

CATALINÓN

Ir de noche no quisiera
por esa calle cruel,
pues lo que de día es miel
entonces lo dan en cera.
Una noche, por mi mal,
la vi sobre mí vertida,
y hallé que era corrompida
la cera de Portugal.

1. C'est-à-dire Séville, où se trouve le roi Alphonse. Rappelons que Séville appartenait politiquement au royaume de Castille, comme toute l'Andalousie depuis la prise de Grenade par les Rois Catholiques et la fin de la Reconquête (1492).

DON JUAN

Comment, si vous êtes à Séville ?

MOTA

Mais enfin, cela vous étonne ? Ce qu'il y a de pire au Portugal ne vit-il pas dans le meilleur endroit de Castille[1] ?

DON JUAN

Où vivent-elles ?

MOTA

Dans la rue du Serpent, où tu peux voir Adam changé en Portugais ; car dans cette amère vallée mille Èves vous offrent une pomme à croquer, et même à un ducat, ce sont des bouchées qui vous ruinent[2].

CATALINÓN

Je ne voudrais pas aller, de nuit, dans cette rue terrible, car ce qui, de jour, est du miel, on vous le verse sous forme de cire[3]. Certaine nuit, pour mon malheur, on m'en versa dessus et je trouvai qu'elle puait bien, la cire du Portugal !

2. Cette réplique de Mota est une représentation métaphorique des rues mal famées et de leurs habitants, pécheurs et pécheresses, à travers les personnages bibliques et symboliques que sont Adam et Ève et le serpent. Au passage, un coup de patte aux Portugais. On disait à l'époque de Tirso que le Portugal fournissait les villes d'Espagne en prostituées.

3. Allusion à la coutume qu'avaient les Espagnols de jeter directement à la rue le contenu des pots de chambre et autres vases de nuit en criant *¡Agua va !* (littéralement : « Attention à l'eau ! »). Catalinón est chargé, entre autres choses, de faire rire la partie du public friande de lourdes grossièretés. La saleté des rues était extrême dans les villes d'Espagne, grandes ou petites, au XVIIe siècle.

DON JUAN

Mientras a la calle vais,
yo dar un perro quisiera.

MOTA

Pues cerca de aquí me espera
un bravo.

DON JUAN

Si me dejáis,
señor marqués, vos veréis
cómo de mí no se escapa.

MOTA

Vamos, y poneos mi capa,
para que mejor lo deis.

DON JUAN

Bien habéis dicho. Venid,
y me enseñaréis la casa.

MOTA

Mientras el suceso pasa,
la voz y el habla fingid.
¿Veis aquella celosía?

DON JUAN

Ya la veo.

MOTA

Pues llegad
y decid : Beatriz, y entrad.

DON JUAN

¿Qué mujer?

DON JUAN

Tandis que vous allez vers cette rue, je voudrais truander une ribaude.

MOTA

Eh bien, non loin d'ici m'attend un beau tour de rufian.

DON JUAN

Si vous me laissez faire, monsieur le Marquis, vous verrez que la fille ne m'échappera pas.

MOTA

Allons-y et prenez ma cape, pour mieux la duper.

DON JUAN

Voilà qui est bien dit. Venez et vous me montrerez la maison.

MOTA

Pendant que vous ferez votre coup, déguisez votre voix et votre langage. Vous voyez cette jalousie ?

DON JUAN

Je la vois bien.

MOTA

Eh bien, allez-y et dites « Beatriz », puis entrez.

DON JUAN

Quel genre de femme ?

MOTA

Rosada y fría.

CATALINÓN

Será mujer cantimplora.

MOTA

En Gradas os aguardamos.

DON JUAN

Adiós, marqués.

CATALINÓN

¿Dónde vamos?

DON JUAN

Calla, necio, calla agora;
adonde la burla mía
ejecute.

CATALINÓN

No se escapa
nadie de ti.

DON JUAN

El trueque adoro.

CATALINÓN

Echaste la capa al toro.

DON JUAN

No, el toro me echó la capa.

Vanse don Juan y Catalinón.

MOTA

Rose et froide.

CATALINÓN

Un cruchon[1], sans doute.

MOTA

Nous vous attendons sur le parvis.

DON JUAN

Adieu, Marquis.

CATALINÓN

Où allons-nous ?

DON JUAN

Tais-toi, sot, maintenant tais-toi ; nous allons où je vais mettre ma fourberie à exécution.

CATALINÓN

Personne ne t'échappe.

DON JUAN

J'adore les échanges.

CATALINÓN

Tu as jeté la cape au taureau[2].

DON JUAN

Non, c'est le taureau qui m'a jeté la cape.

Don Juan et Catalinón sortent.

1. C'est dans des cruches de terre que l'on mettait l'eau à rafraîchir.

2. Le taureau, ici, ne représente ni la puissance physique ni le courage. Ce sont ses cornes qui ornent le front de Mota, roulé et cocufié par don Juan. D'où l'amusement du maître et du valet.

MOTA

La mujer ha de pensar
que soy él.

MÚSICOS

¡Qué gentil perro!

MOTA

Esto es acertar por yerro.

MÚSICOS

Todo este mundo es errar.

Cantan

El que un bien gozar espera,
cuanto espera desespera.

Vanse.

Sala en casa de don Gonzalo.

Dice doña Ana dentro.

DOÑA ANA

¡Falso! no eres el marqués,
que me has engañado.

DON JUAN, *dentro también.*

Digo
que lo soy.

DOÑA ANA

¡Fiero enemigo,
mientes, mientes!

Sale don Gonzalo con la espada desnuda.

MOTA

La femme va croire que c'est moi.

LES MUSICIENS

Quel beau coup fourré !

MOTA

C'est ce qui s'appelle réussir par erreur.

LES MUSICIENS

Ce monde tout entier est une erreur. *(Ils chantent :)*

Celui qui jouir d'un bien espère,
désespère autant qu'il espère.

Ils sortent.

Dans une salle du palais de don Gonzalo.

DOÑA ANA, *en coulisses.*

Menteur ! tu n'es pas le marquis ! tu m'as trompée !

DON JUAN, *en coulisses.*

Je dis que je le suis.

DOÑA ANA, *en coulisses.*

Barbare ennemi, tu mens ! Tu mens !

Entre don Gonzalo, l'épée nue à la main.

DON GONZALO

La voz es
de doña Ana la que siento.

DOÑA ANA, *dentro*.

¿No hay quien mate este traidor,
homicida de mi honor?

DON GONZALO

¿Hay tan grande atrevimiento?
muerto honor, dijo, ¡ay de mí!,
y es su lengua tan liviana
que aquí sirve de campana.

DOÑA ANA

Matalde.

Sale don Juan y Catalinón, con las espadas desnudas.

DON JUAN

¿Quién está aquí?

DON GONZALO

La barbacana caída
de la torre de mi honor,
echaste en tierra, traidor,
donde era alcaide la vida.

DON JUAN

Déjame pasar.

1. Nous traduisons littéralement cette réplique de don Gonzalo. En fait, il faut comprendre d'abord, et les répliques suivantes le confirment, que le commandeur est furieux, conscient à la fois de son bon droit et d'une infériorité physique dont l'âge est la seule cause. Il y a d'ailleurs, ici, un jeu de mots très subtil et très

DON GONZALO

Cette voix que j'entends est celle de doña Ana.

DOÑA ANA, *en coulisses.*

N'y a-t-il personne pour tuer ce traître, assassin de mon honneur ?

DON GONZALO

Y a-t-il pareille audace ? Elle a dit « défunt honneur » ; malheureux que je suis ! Et sa langue avec légèreté va le carillonner.

DOÑA ANA, *en coulisses.*

Tuez-le !

Entrent don Juan et Catalinón, tous deux l'épée nue à la main.

DON JUAN

Qui est là ?

DON GONZALO

Traître ! La barbacane écroulée de la tour de mon honneur, où la vie était gouverneur[1], tu l'as jetée à terre !

DON JUAN

Laisse-moi passer.

fort entre *barbacana* (« barbacane », ouvrage avancé d'un château fort) et *barba cana* (littéralement « barbe blanche »), qui oppose force et faiblesse. La vieillesse a rendu bien fragile la place forte où le commandeur, homme de guerre redouté dans sa jeunesse, protégeait son honneur.

DON GONZALO

¿Pasar?
Por la punta desta espada.

DON JUAN

Morirás.

DON GONZALO

No importa nada.

DON JUAN

Mira que te he de matar.

Riñen.

DON GONZALO

¡Muere, traidor!

DON JUAN

Desta suerte
muero.

CATALINÓN

Si escapo desta,
no más burlas, no más fiesta.

DON GONZALO

¡Ay, que me has dado la muerte!

DON JUAN

Tú la vida te quitaste.

DON GONZALO

¿De qué la vida servía?

DON GONZALO

Passer ? Par la pointe de cette épée.

DON JUAN

Tu mourras.

DON GONZALO

Qu'importe !

DON JUAN

Prends garde, je vais te tuer !

DON GONZALO

Meurs, traître !

DON JUAN

Voici comment je meurs.

Ils engagent le fer.

CATALINÓN

Si je me tire de cette affaire, fini les fourberies, terminé les fêtes.

DON GONZALO

Ah !... Tu m'as donné la mort !

DON JUAN

C'est toi qui t'es ôté la vie.

DON GONZALO

À quoi m'aurait servi la vie ?

DON JUAN

Huyamos.

Vase Don Juan y Catalinón.

DON GONZALO

La sangre fría
con el furor aumentaste.
Muerto soy; no hay bien que aguarde.
Seguiráte mi furor;
que es traidor, y el que es traidor
es traidor, porque es cobarde.

Muere; salen criados que le llevan cadáver.

Calle en Sevilla.

Sale el marqués de la Mota y músicos.

MOTA

Presto las doce darán,
y mucho don Juan se tarda:
¡fiera prisión del que aguarda!

Sale don Juan, y Catalinón.

DON JUAN

¿Es el marqués?

1. Réplique de don Gonzalo très confuse si on l'envisage d'un point de vue strictement grammatical. Il est beaucoup plus intéressant de considérer le contexte de cette scène et de l'envisager sous un angle théâtral. Tirso de Molina, homme de théâtre, écrit un texte qui va être joué. Le temps de la représentation est bien distinct du temps de la lecture. Le jeu scénique donne vie au

DON JUAN

Fuyons.

Don Juan sort avec Catalinón.

DON GONZALO

Mon sang-froid s'est accru de toute ma fureur… Je suis mort… Mais on ne perd rien pour attendre. Ma fureur te poursuivra… Car c'est un traître, et celui qui est traître est traître parce qu'il est lâche[1].

On emporte don Gonzalo mort.

Dans une rue de Séville.

Entrent le marquis de la Mota et des musiciens.

MOTA

Bientôt minuit va sonner, et don Juan tarde bien ; cruelle prison que l'attente !

Entrent don Juan et Catalinón.

DON JUAN

C'est le marquis ?

texte. Si nous tenons compte de ce fait essentiel, nous comprenons parfaitement la grande vraisemblance des balbutiements heurtés et sans suite apparente d'un homme juste, mais âgé, blessé à mort par un jeune homme plein de fougue et sans scrupule, et qui va mourir en se croyant déshonoré. Confusion de la grandeur vaincue.

MOTA

¿Es don Juan?

DON JUAN

Yo soy, tomad vuestra capa.

MOTA

¿Y el perro?

DON JUAN

Funesto ha sido.
Al fin, marqués, muerto ha habido.

CATALINÓN

Señor, del muerto te escapa.

MOTA

¿Búrlaste, amigo? ¿Qué haré?

CATALINÓN, *aparte*.

También vos sois el burlado.

DON JUAN

Cara la burla ha costado.

MOTA

Yo, don Juan, lo pagaré,
porque estará la mujer
quejosa de mí.

DON JUAN

Adiós,
marqués.

MOTA

C'est don Juan ?

DON JUAN

C'est moi ; reprenez votre cape.

MOTA

Et la fourberie ?

DON JUAN

Elle s'est très mal terminée. Marquis, il y a eu un mort.

CATALINÓN

Délivre-toi du mort, mon maître.

MOTA

Tu plaisantes, ami ! Que vais-je faire ?

CATALINÓN, *à part.*

Et de vous aussi il s'est joué.

DON JUAN

La fourberie a coûté cher.

MOTA

C'est moi, don Juan, qui vais la payer, car c'est de moi que la femme va se plaindre.

DON JUAN

Adieu, Marquis.

CATALINÓN, *aparte.*

A fe que los dos
mal pareja han de correr.

DON JUAN

Huyamos.

CATALINÓN

Señor, no habrá
águila que a mí me alcance.

Vanse.

MOTA

Vosotros os podéis ir,
porque quiero ir solo.

Vanse, y queda el marqués de la Mota.

VOCES, *dentro.*

¿Viose desdicha mayor,
y viose mayor desgracia?

MOTA

¡Válgame Dios! Voces siento
en la plaza del Alcázar.
¿Qué puede ser a estas horas?
Un hielo el pecho me arraiga.
Desde aquí parece todo
una Troya que se abrasa,
porque tantas luces juntas
hacen gigantes de llamas.
Un grande escuadrón de hachas
se acerca a mí; ¿por qué anda
el fuego emulando estrellas,
dividiéndose en escuadras?

CATALINÓN, *à part.*

Par ma foi, les voici tous les deux dans un mauvais pas.

DON JUAN

Fuyons.

CATALINÓN

Monsieur, il n'est d'aigle qui puisse me rattraper.

Ils sortent.

MOTA, *aux musiciens.*

Vous autres, vous pouvez vous en aller. J'ai besoin d'être seul.

Les musiciens sortent. Seul reste en scène le marquis de la Mota.

DES VOIX, *en coulisses.*

Vit-on jamais pareil malheur, vit-on jamais pareille infortune ?

MOTA

Que Dieu me protège ! J'entends des voix sur la place de l'Alcázar ; que se passe-t-il donc à pareille heure ? Mon cœur se glace. D'ici, tout ressemble à une Troie embrasée, car tant de flambeaux rassemblés font des géants de flamme. Un immense escadron de torches s'approche de moi. Pourquoi ce feu avance-t-il, rival des étoiles, qui se divise en plusieurs escouades ?

Quiero saber la ocasión.

Sale don Diego Tenorio y la guarda con hachas.

DON DIEGO

¿Qué gente?

MOTA

Gente que aguarda
saber de aqueste ruido
el alboroto y la causa.

DON DIEGO

Prendeldo.

MOTA

¿Prenderme a mí?

Mete mano a la espada.

DON DIEGO

Volved la espada a la vaina,
que la mayor valentía
es no tratar de las armas.

MOTA

¿Cómo al marqués de la Mota
hablan ansí?

DON DIEGO

Dad la espada,
que el rey os manda prender.

MOTA

¡Vive Dios!

Sale el rey y acompañamiento.

Je veux en connaître la cause.

Entre don Diego Tenorio, suivi de la garde avec des torches.

DON DIEGO

Qui va là ?

MOTA

Quelqu'un qui veut connaître la cause de tout ce bruit et de ce tumulte.

DON DIEGO

Arrêtez-le !

MOTA

M'arrêter ? Moi ?

Il tire son épée.

DON DIEGO

Remettez l'épée au fourreau. Le plus grand courage est de ne pas faire usage des armes.

MOTA

Comment peut-on parler de la sorte au marquis de la Mota ?

DON DIEGO

Donnez-moi votre épée ; le roi vous fait arrêter.

MOTA

Vive Dieu !

Entrent le roi et sa suite.

EL REY

En toda España
no ha de caber, ni tampoco
en Italia, si va a Italia.

DON DIEGO

Señor, aquí está el marqués.

MOTA

¿Gran señor, vuestra Alteza
a mí me manda prender?

EL REY

Llevalde luego y ponelde
la cabeza en una escarpia.
¿En mi presencia te pones?

MOTA

¡Ah, glorias de amor tiranas,
siempre en el pasar ligeras,
como en el vivir pesadas!
Bien dijo un sabio que había
entre la boca y la taza
peligro; mas el enojo
del rey me admira y espanta.
No sé por lo que voy preso.

DON DIEGO

¿Quién mejor sabrá la causa
que Vueseñoría?

MOTA

¿Yo?

LE ROI

Qu'aucun lieu, en Espagne, ne lui donne refuge ; non plus qu'en Italie, s'il va en Italie.

DON DIEGO

Sire, voici le marquis.

MOTA

Grand Roi, Votre Altesse me fait arrêter ?

LE ROI

Qu'on l'emmène aussitôt et que l'on pende sa tête à un crochet.
Comment oses-tu te présenter devant moi ?

MOTA

Ah ! Tyranniques glorioles d'amour, qui passez si légères et pesez si lourd sur ma vie ! Qu'il avait raison le sage, quand il disait qu'il y a bien des périls entre la coupe et les lèvres. Mais le courroux du roi m'étonne et m'effraie. Je ne sais pourquoi je suis prisonnier.

DON DIEGO

Qui, mieux que Votre Seigneurie, peut en savoir la cause ?

MOTA

Moi ?

DON DIEGO

Vamos.

MOTA

¡Confusión extraña!

EL REY

Fulmínesele el proceso
al marqués luego, y mañana
le cortarán la cabeza.
Y al Comendador, con cuanta
solemnidad y grandeza
se da a las personas sacras
y reales, el entierro
se haga; en bronce y piedras varias
un sepulcro con un bulto
le ofrezcan, donde en mosaicas
labores, góticas letras
den lenguas a sus venganzas.
Y entierro, bulto y sepulcro
quiero que a mi costa se haga.
¿Dónde doña Ana se fue?

DON DIEGO

Fuese al sagrado doña Ana
de mi señora la reina.

EL REY

Ha de sentir esta falta
Castilla; tal capitán
ha de llorar Calatrava.

Vanse todos.

DON DIEGO

Allons.

MOTA

Étrange confusion !

LE ROI

Que l'on instruise sur-le-champ le procès du marquis, et demain on lui coupera la tête ; et qu'au commandeur on fasse des funérailles avec la solennité et la pompe dignes des personnes royales et sacrées ; qu'on lui dresse un sépulcre de bronze et de pierre jaspée et une statue où des lettres gothiques, sur de fines mosaïques, soient la voix de sa vengeance. Que les funérailles, la statue et le sépulcre se fassent à mes frais. Où est allée doña Ana ?

DON DIEGO

Doña Ana est allée se réfugier auprès de la reine, ma souveraine.

LE ROI

La Castille sera durement éprouvée par cette perte. Calatrava[1] pleurera un tel capitaine.

Ils sortent tous.

1. Don Gonzalo de Ulloa est, rappelons-le, grand commandeur de l'ordre de Calatrava, le deuxième ordre de chevalerie espagnol après celui de Santiago.

Campo en la entrada de Dos Hermanas.

Sale Batricio, desposado con Aminta, Gaseno, viejo, Belisa y pastores músicos.

Cantan

Lindo sale el sol de abril
con trébol y torongil,
y aunque le sirva de estrella,
Aminta sale más bella.

BATRICIO

Sobre esta alfombra florida,
adonde, en campos de escarcha,
el sol sin aliento marcha
con su luz recién nacida,
os sentad, pues nos convida
al tálamo el sitio hermoso.

AMINTA

Cantalde a mi dulce esposo
favores de mil en mil.

Cantan

Lindo sale el sol de abril
con trébol y torongil,
y aunque le sirva de estrella,
Aminta sale más bella.

GASENO

Muy bien lo habéis solfeado;
no hay más sones en el kiries.

Dans un champ, à l'entrée du village de Dos Hermanas.

Entrent Batricio, qui vient d'épouser Aminta, Aminta, Gaseno, son père âgé, Belisa et des bergers musiciens.

[LES BERGERS] *chantent.*

Il est beau le soleil qui paraît en avril,
avec le trèfle et la citronnelle ;
et bien qu'elle lui serve d'étoile,
Aminta paraît plus belle encore.

BATRICIO

Sur ce tapis fleuri que le soleil, retenant son souffle, effleure de sa lumière toute nouvelle, asseyez-vous, puisque ce bel endroit nous offre une couche nuptiale.

AMINTA

Chantez à mon doux époux mille et mille faveurs.

[LES BERGERS] *chantent.*

Il est beau le soleil qui paraît en avril,
avec le trèfle et la citronnelle ;
et bien qu'elle lui serve d'étoile,
Aminta paraît plus belle encore.

GASENO

Vous l'avez bien solfié : il n'y a pas plus de sons au *Kyrie.*

BATRICIO

Cuando con sus labios tirres
vuelve en púrpura los labios
saldrán, aunque vergonzosas,
afrentando el sol de abril.

AMINTA

Batricio, yo lo agradezco,
falso y lisonjero estás,
mas si tus rayos me das,
por ti ser luna merezco,
después de salir menguante,
para que el alba te cante
la salva en tono sutil.

Cantan

Lindo sale el sol de abril
con trébol y torongil,
y aunque le sirva de estrella,
Aminta sale más bella.

Sale Catalinón, de camino.

CATALINÓN

Señores, el desposorio
huéspedes ha de tener.

GASENO

A todo el mundo ha de ser
este contento notorio.
¿Quién viene?

1. Il s'agit, ici, d'un des nombreux aspects de l'éternel lieu commun relatif aux lèvres des jeunes beautés. Les commentateurs ont livré combat autour du mot *tirres,* qui n'est pas attesté, pas plus que le mot *tiries.* Il ne peut s'agir que de la déformation du mot *tirios,* « provenant de la ville de Tyr ». Le sens général est

BATRICIO

Quand ses lèvres pourprées, pourpre de Phénicie[1], paraîtront, toutes chastes qu'elles soient, elles pourront affronter le soleil d'avril.

AMINTA

Batricio, je te remercie ; tu es menteur et flatteur ; mais si tu me donnes tes rayons, je mérite d'être pour toi la lune, allant vers son plein, afin qu'à l'aube on puisse chanter et te saluer sur une musique subtile.

[LES BERGERS] *chantent.*

Il est beau le soleil qui paraît en avril,
avec le trèfle et la citronnelle ;
et bien qu'elle lui serve d'étoile,
Aminta paraît plus belle encore.

Entre Catalinón, en costume de voyage.

CATALINÓN

Messieurs, la noce va avoir des invités.

GASENO

Ces réjouissances doivent être ouvertes à tous. Qui vient ?

si clair que, malgré l'indicatif *vuelve* (« vient, revient ») qui grammaticalement ne nous le permet guère, pas plus que le féminin *vergonzosas* (« chastes ») appliqué au masculin *labios* (« lèvres »), nous maintenons notre traduction. C'est la logique du texte et la dynamique théâtrale qui, à notre avis, doivent l'emporter.

CATALINÓN

Don Juan Tenorio.

GASENO

¿El viejo?

CATALINÓN

No es ese don Juan.

BELISA

Será su hijo galán.

BATRICIO

Téngolo por mal agüero,
que galán y caballero
quitan gusto y celos dan.
Pues ¿quién noticia les dio
de mis bodas?

CATALINÓN

De camino
paso a Lebrija.

BATRICIO

Imagino
que el demonio le envió.
Mas, ¿de qué me aflijo yo?
Vengan a mis dulces bodas
del mundo las gentes todas.
Mas, con todo, un caballero
en mis bodas, ¡mal agüero!

GASENO

Venga el Coloso de Rodas,

CATALINÓN

Don Juan Tenorio.

GASENO

Le vieux ?

CATALINÓN

Non, pas lui. Don Juan.

BELISA

Ce doit être son beau garçon de fils.

BATRICIO

Je tiens cela pour mauvais présage ; beau garçon et gentilhomme gâchent le plaisir et font naître la jalousie. Mais qui vous a fait part de ma noce ?

CATALINÓN

Sur la route, en allant à Lebrija.

BATRICIO

Je crois que c'est le Diable qui a envoyé ton maître. Mais pourquoi m'affliger ? Que tout le monde vienne à ma noce… Cependant, un gentilhomme à ma noce… Mauvais présage !

GASENO

Vienne le colosse de Rhodes,

venga el Papa, el Preste Juan
y don Alonso el Onceno
con su corte, que en Gaseno
ánimo y valor verán.
Montes en casa hay de pan,
Guadalquivides de vino,
Babilonias de tocino,
y entre ejércitos cobardes
de aves, para que las cardes,
el pollo y el palomino.
Venga tan gran caballero
a ser hoy en Dos Hermanas
honra destas viejas canas.

BELISA

El hijo del Camarero
mayor...

BATRICIO, *aparte.*

Todo es mal agüero
para mí, pues le han de dar
junto a mi esposa lugar.
Aún no gozo, y ya los cielos
me están condenando a celos.
Amor, sufrir y callar.

Sale don Juan Tenorio.

DON JUAN

Pasando acaso he sabido
que hay bodas en el lugar,
y dellas quise gozar,
pues tan venturoso he sido.

vienne le pape, le Prêtre-Jean[1], et Alphonse le onzième avec sa Cour ; ils verront chez Gaseno du courage et de la vaillance. Dans sa maison, il y a des montagnes de pain, des Guadalquivignes de vin, des Babylones de lard et parmi des armées de peureuses volailles, pour que tu les dévores, le poulet et le pigeonneau. Que vienne aujourd'hui à Dos Hermanas un si grand gentilhomme, afin d'honorer mes cheveux blancs.

BELISA

Le fils du grand chambellan.

BATRICIO, *à part.*

Tout, pour moi, est de mauvais augure. On va le placer à côté de ma femme. Je ne l'ai pas encore possédée et déjà les Cieux me condamnent à souffrir de jalousie. Amour, souffrir et ne rien dire.

Entre don Juan Tenorio.

DON JUAN

Comme je passais ici par hasard, j'ai su qu'il y avait des noces au village, et j'ai voulu en jouir puisque j'avais ce bonheur.

1. « Personnage imaginaire que les Occidentaux, dans le XIIe siècle, supposèrent être chrétien et régner dans la haute Asie. Au XVe siècle, on le transporta dans l'Abyssinie, qui est en effet chrétienne » (*Littré*).

GASENO

Vueseñoría ha venido
a honrallas y engrandecellas.

BATRICIO, *aparte*.

Yo, que soy el dueño dellas,
digo entre mí que vengáis
en hora mala.

GASENO

¿No dais
lugar a este caballero?

DON JUAN

Con vuestra licencia quiero
sentarme aquí.

Siéntase junto a la novia.

BATRICIO

Si os sentáis
delante de mí, señor,
seréis de aquesa manera
el novio.

DON JUAN

Cuando lo fuera,
no escogiera lo peor.

GASENO

¡Que es el novio!

DON JUAN

De mi error
e ignorancia perdonad.

GASENO

Votre Seigneurie est venue pour les honorer et les grandir.

BATRICIO, *à part.*

Moi qui suis le héros de ces noces, je dis à voix basse que vous venez pour mon malheur.

GASENO

Vous ne donnez pas une place à ce gentilhomme ?

DON JUAN

Avec votre permission, je veux m'asseoir ici.

Il s'assied à côté de la mariée.

BATRICIO

Si vous vous asseyez avant moi, monsieur, c'est vous qui, de cette façon, allez être le marié.

DON JUAN

Et si je l'étais, je ne choisirais pas la plus mauvaise part.

GASENO

C'est lui l'époux.

DON JUAN

Pardonnez-moi mon ignorance et mon erreur.

CATALINÓN, *aparte.*

¡Desventurado marido!

DON JUAN, *a Catalinón.*

Corrido está.

CATALINÓN

No lo ignoro,
mas si tiene de ser toro,
¿qué mucho que esté corrido?

Aparte.

No daré por su mujer
ni por su honor un cornado.
¡Desdichado tú, que has dado
en manos de Lucifer!

DON JUAN

¿Posible es que vengo a ser,
señora, tan venturoso?
Envidia tengo al esposo.

AMINTA

Parecéisme lisonjero.

BATRICIO, *aparte.*

Bien dije que es mal agüero
en bodas un poderoso.

GASENO

Ea, vamos a almorzar,
porque pueda descansar
un rato su Señoría.

Tómale don Juan la mano a la novia.

CATALINÓN, *à part.*

Malheureux époux !

DON JUAN, *à Catalinón.*

Il est tout rouge.

CATALINÓN, *à don Juan.*

Je le vois bien. Mais s'il doit faire le taureau, quoi d'étonnant à ce qu'il voie rouge ? *(À part :)* Je ne donnerais pas un *cornado*[1] de sa femme et de son honneur. Malheureux, toi qui viens de tomber entre les griffes de Lucifer !

DON JUAN

Se peut-il, madame, que je sois si heureux ? J'envie votre époux.

AMINTA

Vous semblez flatteur.

BATRICIO, *à part.*

Je disais bien que la présence d'un puissant à ma noce était un mauvais présage.

GASENO

Eh ! allons déjeuner afin que Sa Seigneurie puisse prendre quelque repos.

Don Juan prend la main de la mariée.

1. 1. *Cornado* (« sou, monnaie de peu de valeur ») est amené phonétiquement par *corrido,* participe passé du verbe *correr* qui veut dire ici « faire courir le taureau ». Le verbe *correr,* au réfléchi *correrse,* signifie « être honteux ». Catalinón joue sur les sens connotés d'un même verbe. L'expression *eso no vale un cornado* (« cela ne vaut pas un sou ») est également présente à l'esprit du lecteur et surtout du spectateur de l'époque. Et par un jeu facile de connotations, on passe à *cornudo* (« cocu »), non dit, mais puissamment suggéré.

DON JUAN

¿Por qué la escondéis?

AMINTA

Es mía.

GASENO

Vamos.

BELISA

Volved a cantar.

DON JUAN, *a Catalinón.*

¿Qué dices tú?

CATALINÓN

¿Yo? que temo
muerte vil destos villanos.

DON JUAN

Buenos ojos, blancas manos,
en ellos me abraso y quemo.

CATALINÓN

¡Almagrar y echar a extremo!
Con ésta cuatro serán.

DON JUAN

Ven, que mirándome están.

1. Le texte dit : *Almagrar y echar a extremo* (littéralement : « Marquer à l'ocre [la brebis], puis l'envoyer à l'hivernage »), expression qui, explique Sebastián de Covarrubias (*Tesoro de la lengua castellana o española,* 1611), « se dit par malice en parlant de celui qui, ayant joui d'une femme, l'abandonne et en cherche une

DON JUAN

Pourquoi cachez-vous votre main ?

AMINTA

Elle est à moi.

GASENO

Allons.

BELISA

Recommencez à chanter.

DON JUAN, *à Catalinón.*

Que dis-tu, toi ?

CATALINÓN

Moi ? Je dis que je crains de recevoir une mort vile de la main de ces vilains.

DON JUAN

Beaux yeux, blanches mains. Ils m'enflamment et me consument.

CATALINÓN

Et d'une ; passons à une autre[1]. Avec celle-ci, cela fera quatre.

DON JUAN

Viens, ils me regardent.

autre ». D'où notre traduction. Catalinón, déjà, énumère et marque les victimes de don Juan. La liste des amours du jeune dissolu fera un bel effet de théâtre dans les œuvres qui suivront sur le même sujet, notamment l'opéra de Mozart.

BATRICIO, *aparte.*

En mis bodas, caballero,
¡mal agüero!

GASENO

Cantad.

BATRICIO, *aparte.*

Muero.

CATALINÓN, *aparte.*

Canten, que ellos llorarán.

Vanse todos, con que da fin la segunda jornada.

BATRICIO, *à part.*

À mes noces un gentilhomme ? Mauvais augure !

GASENO

Chantez.

BATRICIO, *à part.*

Je meurs.

CATALINÓN, *à part.*

Qu'ils chantent ; ils pleureront.

Tous sortent et ici prend fin la deuxième journée.

JORNADA TERCERA

Casa de Gaseno en Dos Hermanas.

Sale Batricio, pensativo.

BATRICIO

Celos, reloj y cuidados,
que a todas las horas dais
tormentos con que matáis,
aunque dais desconcertados,
celos, del vivir desprecios,
con que ignorancias hacéis,
pues todo lo que tenéis
de ricos, tenéis de necios;
dejadme de atormentar,
pues es cosa tan sabida
que, cuando amor me da vida,
la muerte me queréis dar.
¿Qué me queréis, caballero,
que me atormentáis ansí?
Bien dije, cuando le vi
en mis bodas, ¡mal agüero!
¿No es bueno que se sentó
a cenar con mi mujer,
y a mí en el plato meter
la mano no me dejó?

TROISIÈME JOURNÉE

Dans la maison de Gaseno,
au village de Dos Hermanas.

Entre Batricio, pensif.

BATRICIO

Jalousie, horloge et soucis qui à chaque heure sonnez des tourments qui tuent, bien que vos sons ne soient pas accordés, jalousie qui fais de notre ignorance un mépris de la vie, car toute ta sottise vient de la richesse de tes biens, cesse de me tourmenter, car je sais assez que si l'amour me donne la vie, toi, tu veux me donner la mort. Que me voulez-vous, gentilhomme, pour ainsi me tourmenter ? J'avais raison de dire, quand je l'ai vu à ma noce, « mauvais augure ». Est-il juste qu'il se soit assis au dîner auprès de mon épouse et que moi, il ne m'ait pas laissé mettre la main au plat ?

Pues cada vez que quería
metella, la desviaba,
diciendo a cuanto tomaba :
¡ Grosería, grosería !
Pues llegándome a quejar
a algunos, me respondían
y con risa me decían :
No tenéis de qué os quejar,
eso no es cosa que importe,
no tenéis de qué temer
callad, que debe de ser
uso de allá de la corte.
¡ Buen uso, trato extremado !
Mas no se usará en Sodoma,
que otro con la novia coma,
y que ayune el desposado.
Pues el otro bellacón :
a cuanto comer quería :
¿ Esto no come ?, decía.
No tenéis, señor, razón.
Y de delante al momento
me lo quitaba, corrido ;
esto bien sé yo que ha sido
culebra y no casamiento.
Ya no se puede sufrir
ni entre cristianos pasar ;
y acabando de cenar
con los dos, mas que a dormir
se ha de ir también, si porfía,
con nosotros, y ¿ ha de ser
el llegar yo a mi mujer,
grosería, grosería ?
Ya viene, no me resisto,
aquí me quiero esconder,
pero ya no puede ser,
que imagino que me ha visto.

Sale don Juan Tenorio.

Et chaque fois que je voulais l'y mettre, il l'écartait en disant à tout ce que je prenais : « grossièreté, grossièreté ! » Et quand je me plaignais à certains, ceux-ci me répondaient, et en riant disaient : « Vous n'avez pas de raison de vous plaindre ; taisez-vous, ce doit être un de ces usages que l'on a, là-bas, à la Cour. » Bonnes manières, excellent usage ! Mais même à Sodome il ne devait pas être d'usage qu'un autre mange avec l'épousée, tandis que le marié reste à jeun ! Et ce méchant qui me disait : « Vous ne mangez pas de ce mets ? Vous n'avez pas raison, monsieur », et à l'instant il me l'enlevait, et j'étais tout honteux. Je vois bien que cela n'a pas été un mariage, mais un tourment cruel. Cela ne se peut supporter, et ne devrait pas être possible entre chrétiens. Et si, après avoir dîné avec nous, il insistait, et venait dormir avec nous ? Et si, quand je m'approcherai de mon épouse, ce devait être : « grossièreté, grossièreté » ? Mais le voici, je n'en puis plus, je vais me cacher ici. Impossible ! Je crois qu'il m'a déjà vu.

Entre don Juan Tenorio.

DON JUAN

Batricio…

BATRICIO

Su señoría
¿qué manda?

DON JUAN

Haceros saber…

BATRICIO, *aparte.*

¿Mas que ha de venir a ser
alguna desdicha mía?

DON JUAN

Que ha muchos días, Batricio,
que a Aminta el alma le di
y he gozado…

BATRICIO

¿Su honor?

DON JUAN

Sí.

BATRICIO, *aparte.*

Manifiesto y claro indicio
de lo que he llegado a ver;
que si bien no le quisiera,
nunca a su casa viniera.
Al fin, al fin es mujer.

DON JUAN

Al fin, Aminta celosa,

DON JUAN

Batricio…

BATRICIO

Qu'ordonne Votre Seigneurie ?

DON JUAN

Vous faire savoir…

BATRICIO, *à part.*

Cela ne peut-il être pour moi autre chose que de nouveaux malheurs ?

DON JUAN

… qu'il y a déjà quelques jours, j'ai donné mon cœur à Aminta, et que j'ai possédé…

BATRICIO

Son honneur ?

DON JUAN

Oui.

BATRICIO, *à part.*

Manifeste et clair indice de ce que j'ai pu comprendre ; car s'il ne l'avait pas aimée, jamais il ne serait venu chez elle. Enfin, enfin c'est une femme.

DON JUAN

Enfin, Aminta, jalouse

o quizá desesperada
de verse de mí olvidada
y de ajeno dueño esposa,
  esta carta me escribió,
enviándome a llamar,
y yo prometí gozar
lo que el alma prometió.
  Esto pasa de esta suerte.
Dad a vuestra vida un medio,
que le daré sin remedio,
a quien lo impida, la muerte.

BATRICIO

  Si tú en mi elección lo pones,
tu gusto pretendo hacer,
que el honor y la mujer
son males en opiniones.
  La mujer en opinión
siempre más pierde que gana,
que son como la campana,
que se estima por el son.
  Y así es cosa averiguada
que opinión viene a perder,
cuando cualquiera mujer
suena a campana quebrada.
  No quiero, pues me reduces
el bien que mi amor ordena,
mujer entra mala y buena,
que es moneda entre dos luces.
  Gózala, señor, mil años,
que yo quiero resistir,
desengañar y morir,
y no vivir con engaños.

Vase.

ou peut-être désespérée de se voir oubliée de moi, et l'épouse d'un autre maître, m'a envoyé cette lettre, et je me suis promis de posséder ce que le cœur a promis. C'est ainsi. Songez à trouver remède à votre vie, car celui qui se mettra sur mon chemin, je lui donnerai, sans remède, la mort.

BATRICIO

Puisque tu me laisses choisir, je veux faire selon ton désir, car la femme et l'honneur sont des calamités quand commencent les commérages. La femme, quand les langues s'en mêlent, perd beaucoup plus qu'elle ne gagne ; elle est comme la cloche que l'on estime par le son. Et c'est chose bien établie que dès qu'une femme rend un son fêlé, elle perd sa renommée. Puisque tu me retires le bien qui commandait à mon amour, je ne veux pas d'une femme moitié bonne, moitié mauvaise, car c'est là une monnaie peu sûre. Possède-la, monsieur, mille ans, mais je préfère supporter ma peine, me détromper et mourir, plutôt que vivre dans la tromperie.

Il sort.

DON JUAN

Con el honor le vencí,
porque siempre los villanos
tienen su honor en las manos,
y siempre miran por sí.
Que por tantas variedades,
es bien que se entienda y crea,
que el honor se fue al aldea
huyendo de las ciudades.
Pero antes de hacer el daño,
le pretendo reparar :
a su padre voy a hablar
para autorizar mi engaño.
Bien lo supe negociar :
gozarla esta noche espero.
La noche camina, y quiero
su viejo padre llamar.
Estrellas que me alumbráis,
dadme en este engaño suerte,
si el galardón en la muerte
tan largo me lo guardáis.

Vase. Sale Aminta y Belisa.

BELISA

Mira que vendrá tu esposo :
entra a desnudarte, Aminta.

AMINTA

De estas infelices bodas
no sé que siento, Belisa.
Todo hoy mi Batricio ha estado
bañado en melancolía,
todo en confusión y celos,
¡mirad qué grande desdicha !

DON JUAN

Grâce à son honneur je l'ai vaincu. Car toujours les vilains ont l'honneur à la main et ne voient que lui. Dans cette époque de changements, il est bien que l'on voie que l'honneur a fui les villes et s'en est allé à la campagne. Mais avant de faire le mal, je veux le préparer avec soin. Je vais parler à son père pour donner de la force à ma tromperie. J'ai bien su mener cette affaire ; je compte, dès cette nuit, la posséder. La nuit chemine et je veux appeler son vieux père. Étoiles qui m'éclairez, portez chance à cette fourberie, puisque vous m'en gardez la récompense pour l'heure, bien lointaine, de ma mort.

Il sort. Entrent Aminta et Belisa.

BELISA

Tu sais que ton mari va venir, va te déshabiller, Aminta.

AMINTA

Je ne sais que penser de ces malheureuses noces, Belisa. Toute la journée, mon Batricio a été en proie à la mélancolie, à la jalousie, à la confusion. Quel terrible malheur !

Di, ¿qué caballero es éste
que de mi esposo me priva?
La desvergüenza en España
se ha hecho caballería.
Déjame, que estoy corrida.
¡Mal hubiese el caballero
que mis contentos me priva!

BELISA

Calla, que pienso que viene,
que nadie en la casa pisa
de un desposado, tan recio.

AMINTA

Queda a Dios, Belisa mía.

BELISA

Desenójale en los brazos.

AMINTA

¡Plega a los cielos que sirvan
mis suspiros de requiebros,
mis lágrimas de caricias!

Vanse, sale don Juan, Catalinón, Gaseno.

DON JUAN

Gaseno, quedad con Dios.

GASENO

Acompañaros querría,
por dalle desta ventura
el parabién a mi hija.

Dis-moi, qui est ce gentilhomme qui me prive de mon époux ? En Espagne l'impudence est devenue chevalerie ! Laisse-moi, je suis toute honteuse... Maudit soit ce gentilhomme qui me prive de mon bonheur !

BELISA

Tais-toi, je crois qu'il arrive, car personne ne fait sonner si fort ses pas dans la maison d'un marié.

AMINTA

Adieu, ma Belisa.

BELISA

Entre tes bras, apaise son courroux.

AMINTA

Plaise au Ciel que mes soupirs fassent office de douceurs, et mes larmes de caresses !

Elles sortent. Entrent don Juan, Catalinón et Gaseno.

DON JUAN

Dieu soit avec vous, Gaseno.

GASENO

J'aurais aimé vous accompagner afin de féliciter ma fille pour ce bonheur.

DON JUAN

Tiempo mañana nos queda.

GASENO

Bien decís : el alma mía
en la muchacha os ofrezco.

DON JUAN

Mi esposa decid.

Vase Gaseno.

Ensilla,
Catalinón.

CATALINÓN

¿Para cuándo ?

DON JUAN

Para el alba, que de risa
muerta, ha de salir mañana,
de este engaño.

CATALINÓN

Allá, en Lebrija,
señor, nos está aguardando
otra boda. Por tu vida,
que despaches presto en ésta.

DON JUAN

La burla más escogida
de todas ha de ser ésta.

CATALINÓN

Que saliésemos quería
de todas bien.

DON JUAN

Demain, nous aurons le temps.

GASENO

Vous avez raison. Je vous offre mon cœur en vous offrant ma fille.

DON JUAN

Dites plutôt ma femme. *(Gaseno sort.)* Selle les chevaux, Catalinón.

CATALINÓN

Pour quand ?

DON JUAN

Pour l'aube, qui demain va se lever morte de rire en voyant cette duperie.

CATALINÓN

Là-bas, à Lebrija, mon maître, nous attend une autre noce. Sur ta vie, exécute vite celle-ci.

DON JUAN

Ce doit être, de toutes mes tromperies, la plus réussie.

CATALINÓN

Je voudrais que de toutes nous nous tirions à notre avantage.

DON JUAN

Si es mi padre
el dueño de la justicia,
y es la privanza del rey,
¿qué temes ?

CATALINÓN

De los que privan
suele Dios tomar venganza,
si delitos no castigan,
y se suelen en el juego
perder también los que miran.
Yo he sido mirón del tuyo,
y por mirón no quería
que me cogiese algún rayo
y me trocase en cecina.

DON JUAN

Vete, ensilla, que mañana
he de dormir en Sevilla.

CATALINÓN

¿En Sevilla ?

DON JUAN

Sí.

CATALINÓN

¿Qué dices ?
Mira lo que has hecho, y mira
que hasta la muerte, señor,
es corta la mayor vida,
y que hay tras la muerte imperio.

DON JUAN

Mais puisque mon père est maître de la justice, qu'il a la faveur du roi, que crains-tu ?

CATALINÓN

Dieu tire vengeance des favoris qui ne punissent pas les délits. Et à ce jeu-là se perdent aussi ceux qui regardent. J'ai été le spectateur de ton jeu et je ne veux pas que, pour cette raison, la foudre tombe sur moi et me réduise en chair fumée.

DON JUAN

Va seller les chevaux ; demain, je dois dormir à Séville.

CATALINÓN

À Séville ?

DON JUAN

Oui.

CATALINÓN

Que dis-tu ? Pense à ce que tu as fait et pense, mon maître, que jusqu'à la mort la plus longue vie est bien courte, et qu'après la mort, il y a le Jugement[1].

1. Tirso fait évidemment allusion au Jugement dernier et, par conséquent, dans le cas de don Juan, aux peines infernales. C'est pourquoi, pour plus de simplicité et de clarté, nous traduisons par « Jugement ».

DON JUAN

Si tan largo me lo fías,
vengan engaños.

CATALINÓN

Señor…

DON JUAN

Vete, que ya me amohinas
con tus temores extraños.

CATALINÓN

Fuerza al turco, fuerza al scita,
al persa y al caramanto,
al gallego, al troglodita,
al alemán y al japón,
al sastre con la agujita
de oro en la mano, imitando
contino a la blanca niña.

Vase.

DON JUAN

La noche en negro silencio
se extiende, y ya las cabrillas
entre racimos de estrellas
el polo más alto pisan.
Yo quiero poner mi engaño
por obra. El amor me guía
a mi inclinación, de quien
no hay hombre que se resista.

1. Peu importe la logique, il s'agit de faire rire : Catalinón mentionne dans un désordre évident les Scythes, habitants de l'ancienne Asie, les Caramans, habitants de la Libye intérieure, et les Japonais. Mais l'aiguille d'or suggère également, maniée par la blanche enfant, d'autres pratiques que la couture, ou

DON JUAN

Si tu me laisses un si long répit, vive les duperies !

CATALINÓN

Mon maître…

DON JUAN

Allez, va, tu m'agaces avec tes étranges craintes.

CATALINÓN

Force le Turc, force le Scythe, le Perse et le Caraman, le Galicien, le troglodyte, l'Allemand et le Japonais, le tailleur avec sa petite aiguille d'or qui sans répit imite la blanche enfant[1].

Il sort.

DON JUAN

La nuit s'étend, noir silence, et déjà les Pléiades, parmi les grappes d'étoiles, foulent le pôle le plus élevé. Je veux mettre ma duperie à exécution. L'amour me guide vers mon penchant ; nul homme ne peut lui résister.

plutôt des travaux d'aiguille moins purs, qui consistaient tout simplement à refaire les pucelages. On passe donc du tailleur, souvent raillé par la littérature espagnole de l'époque, à la sorcière ou à l'entremetteuse pour lesquelles cette activité constituait une spécialité.

Quiero llegar a la cama.
¡Aminta!

Sale Aminta como que está acostada.

AMINTA

¿Quién llama Aminta?
¿Es mi Batricio?

DON JUAN

No soy
tu Batricio.

AMINTA

Pues ¿quién?

DON JUAN

Mira
de espacio, Aminta, quién soy.

AMINTA

¡Ay de mí! ¡yo soy perdida!
¿En mi aposento a estas horas?

DON JUAN

Estas son las horas mías.

AMINTA

Volveos, que daré voces,
no excedáis la cortesía
que a mi Batricio se debe,
ved que hay romanas Emilias
en Dos Hermanas también,
y hay Lucrecias vengativas.

Je veux arriver au lit ! Aminta !

Entre Aminta, en toilette de nuit.

AMINTA

Qui appelle Aminta ? C'est mon Batricio ?

DON JUAN

Je ne suis pas ton Batricio.

AMINTA

Alors, qui ?

DON JUAN

Regarde bien, Aminta, qui je suis.

AMINTA

Malheureuse ! Je suis perdue ! Dans ma chambre, à cette heure ?

DON JUAN

C'est mon heure, à moi.

AMINTA

Partez ou je vais crier. Ne manquez pas à la courtoisie qui est due à mon Batricio. Sachez qu'à Dos Hermanas aussi, il y a de romaines Émilies[1] et des Lucrèces vengeresses[2].

1. Émilie, ou Æmilia Tertia, dame romaine du IIe siècle av. J.-C., fille de Paul-Émile l'Ancien, femme de Scipion l'Africain, mère de Cornélie la mère des Gracques, célèbre par sa foi conjugale et ses richesses.

2. Au VIe siècle av. J.-C., Rome fut gouvernée par des rois étrusques, les Tarquins. Tarquin le Superbe fit assassiner Servius Tullius et prit le pouvoir avec vigueur. Malheureusement son fils Sextus viola la belle Lucrèce, femme de Tarquin Collatin, lui-même neveu du roi. La fidèle épouse saisit alors un poignard et, devant son père et son mari, s'en perça le cœur.

DON JUAN

Escúchame dos palabras,
y esconde de las mejillas
en el corazón la grana,
por ti más preciosa y rica.

AMINTA

Vete, que vendrá mi esposo.

DON JUAN

Yo lo soy ; ¿ de qué te admiras ?

AMINTA

¿ Desde cuándo ?

DON JUAN

Desde agora.

AMINTA

¿ Quién lo ha tratado ?

DON JUAN

Mi dicha.

AMINTA

¿ Y quién nos casó ?

DON JUAN

Tus ojos.

AMINTA

¿ Con qué poder ?

DON JUAN

Con la vista.

DON JUAN

Écoute-moi un instant, et dissimule en ton cœur l'écarlate de tes joues que tu rends plus précieux et plus riche.

AMINTA

Va-t'en, mon mari va arriver.

DON JUAN

C'est moi, ton mari. De quoi t'étonnes-tu ?

AMINTA

Depuis quand ?

DON JUAN

Depuis cet instant.

AMINTA

Qui en a décidé ?

DON JUAN

Mon bonheur.

AMINTA

Et qui nous a mariés ?

DON JUAN

Tes yeux.

AMINTA

Par quel pouvoir ?

DON JUAN

Celui de la vue.

AMINTA

¿Sábelo Batricio?

DON JUAN

Sí,
que te olvida.

AMINTA

¿Que me olvida?

DON JUAN

Sí, que yo te adoro.

AMINTA

¿Cómo?

DON JUAN

Con mis dos brazos.

AMINTA

Desvía.

DON JUAN

¿Cómo puedo, si es verdad
que muero?

AMINTA

¡Qué gran mentira!

DON JUAN

Aminta, escucha y sabrás,
si quieres que te lo diga,
la verdad, que las mujeres
sois de verdades amigas.
Yo soy noble caballero,

AMINTA

Batricio le sait-il ?

DON JUAN

Oui, et il t'oublie.

AMINTA

Il m'oublie ?

DON JUAN

Oui, parce que je t'adore.

AMINTA

Comment ?

DON JUAN

Avec mes deux bras.

AMINTA

Écarte-toi !

DON JUAN

Comment se peut-il, s'il est vrai que je meurs ?

AMINTA

Quel grand mensonge !

DON JUAN

Aminta, écoute-moi, et si tu veux que je te la dise, tu sauras la vérité ; vous les femmes, vous êtes amies de la vérité. Je suis, moi, un noble gentilhomme,

cabeza de la familia
de los Tenorios antiguos,
ganadores de Sevilla.
Mi padre, después del rey,
se reverencia y estima,
y en la corte, de sus labios
pende la muerte o la vida.
Corriendo el camino acaso,
llegué a verte, que amor guía
tal vez las cosas de suerte
que él mismo dellas se olvida.
Vite, adoréte, abraséme
tanto que tu amor me anima
a que contigo me case :
mira qué acción tan precisa.
Y aunque lo murmure el reino,
y aunque el rey lo contradiga,
y aunque mi padre enojado
con amenazas lo impida,
tu esposo tengo de ser.
¿Qué dices ?

AMINTA

No sé qué diga,
que se encubren tus verdades
con retóricas mentiras.
Porque si estoy desposada,
como es cosa conocida,
con Batricio, el matrimonio
no se absuelve, aunque él desista.

1. Aminta dit, dans le texte : *si estoy desposada [...], con Batricio, el matrimonio no se absuelve.* En français on doit se résoudre à traduire comme nous le faisons, faute d'un terme différent pour rendre *desposarse* — et le substantif correspondant *desposorio(s)* — et *matrimonio.* Un article d'Annie Molinié-Bertrand (« Se

l'aîné de la famille des anciens Tenorio qui jadis conquirent Séville sur le Maure. Après le roi, c'est mon père qu'on respecte et qu'on estime, et, à la Cour, de ses lèvres dépendent la mort ou la vie ; courant les chemins, par hasard, je t'ai vue, l'amour conduit parfois les choses de telle sorte que lui-même les oublie, je t'ai vue, je t'ai adorée, je me suis enflammé à tel point que l'amour que je te porte m'incite à t'épouser : tu vois à quoi cela m'engage. Et même si le royaume en médit, même si le roi venait à s'y opposer, même si mon père, courroucé, par des menaces l'interdisait, je veux être ton époux. Qu'en dis-tu ?

AMINTA

Je ne sais quoi dire : tes vérités se couvrent de bien éloquents mensonges. Et si je suis, comme c'est chose connue, mariée à Batricio, le mariage ne peut être dissous[1], même s'il y renonce.

marier en Castille au XVIe siècle », *Iberica, Cahiers [...] de l'université de Paris-Sorbonne*, III, 1981, p. 233-245), apporte à ce sujet d'éclairantes précisions. Le mariage comportait alors trois étapes : les *desposorios* par parole de futur (« promesse mutuelle entre homme et femme de se marier » [Nouveau dictionnaire espagnol-français et latin composé par M. de Séjournant, Paris, 1775]) ; les *desposorios* par parole de présent, ou *casamientos*, « expression du consentement mutuel fait devant le prêtre et les témoins avec mots », c'est-à-dire l'imposition du sacrement du mariage ; les *velaciones*, « bénédiction nuptiale solennelle que l'Église demande à ceux qui sont déjà *desposados* ou *casados* de recevoir, et qui rappelle l'union sacrée du Christ avec son Église ».

DON JUAN

En no siendo confirmado,
por engaño o por malicia
puede anularse.

AMINTA

En Batricio
todo fue verdad sencilla.

DON JUAN

Ahora bien : dame esa mano,
y esta voluntad confirma
con ella.

AMINTA

¿Que no me engañas?

DON JUAN

Mío el engaño sería.

AMINTA

Pues jura que cumplirás
la palabra prometida.

DON JUAN

Juro a esta mano, señora,
infierno de nieve fría,
de cumplirte la palabra.

AMINTA

Jura a Dios que te maldiga
si no la cumples.

DON JUAN

Tant qu'il n'est pas confirmé, par duperie ou malice il peut être annulé.

AMINTA

Chez Batricio, tout a été simple et vrai.

DON JUAN

Allons, maintenant donne-moi cette main. Et avec elle confirme cet amour.

AMINTA

Vraiment ? Tu ne me trompes pas ?

DON JUAN

La fourberie serait mienne.

AMINTA

Eh bien, jure de tenir la parole donnée.

DON JUAN

Je jure, madame, sur cette main, enfer de neige froide, de tenir ma parole.

AMINTA

Je jure devant Dieu, qu'il te maudisse si tu ne la tiens pas.

DON JUAN

Si acaso
la palabra y la fe mía
te faltare, ruego a Dios
que a traición y alevosía
me dé muerte un hombre…

Aparte.

muerto,
que, vivo, ¡Dios no permita!

AMINTA

Pues con ese juramento
soy tu esposa.

DON JUAN

El alma mía
entre los brazos te ofrezco.

AMINTA

Tuya es el alma y la vida.

DON JUAN

¡Ay, Aminta de mis ojos!
Mañana sobre virillas
de tersa plata estrellada
con clavos de oro de Tíbar,
pondrás los hermosos pies,
y en prisión de gargantillas
la alabastrina garganta,
y los dedos en sortijas,
en cuyo engaste parezcan
trasparentes perlas finas.

DON JUAN

Si jamais je manquais à la parole et à la foi que je donne, je demande au Ciel d'être tué, pour ma trahison et ma déloyauté, par un homme *(à part :)* mort, car d'un vivant que jamais Dieu n'y consente !

AMINTA

Eh bien, avec ce serment, je suis ta femme.

DON JUAN

Je t'offre mon cœur entre mes bras.

AMINTA

Mon cœur et ma vie sont à toi.

DON JUAN

Oh ! Aminta de mes yeux ! Demain, dans des socques aux trépointes d'argent bruni[1], étoilées de clous d'or de Tibar[2], tu mettras tes beaux pieds, dans des prisons de colliers ta gorge d'albâtre, et tes doigts dans des bagues qui les enchâsseront comme des perles fines.

1. Le texte dit : *sobre virillas/de tersa plata, estrellada/con clavos de Tibar* (littéralement : « sur des trépointes d'argent bruni, étoilées de clous d'or de Tibar »). On appelait *virilla* une « petite trépointe, arrière-point extrêmement fin, qui se fait aux souliers, et spécialement ceux des femmes, comme plus mignons » (*Nouveau dictionnaire espagnol-français et latin composé par M. de Séjournant*, Paris, 1775). On a rétabli, dans la traduction, le mot « socques », pour plus de clarté.

2. Ancien nom de la région d'Afrique appelée aujourd'hui côte de l'Or.

AMINTA

A tu voluntad, esposo,
la mía desde hoy se inclina :
tuya soy.

DON JUAN, *aparte.*

¡ Qué mal conoces
al Burlador de Sevilla !

Vanse.

Playa de Tarragona.

Sale Isabela y Fabio, de camino.

ISABELA

¡ Que me robase el dueño,
la prenda que estimaba y más quería !
¡ Oh, riguroso empeño
de la verdad ! ¡ Oh, máscara del día !
¡ Noche al fin tenebrosa,
antípoda del sol, del sueño esposa !

FABIO

¿ De qué sirve, Isabela,
la tristeza en el alma y en los ojos,
si amor todo es cautela,
y en campos de desdenes causa enojos,
si el que se ríe agora
en breve espacio desventuras llora ?
El mar está alterado
y en grave temporal, tiempo socorre.
El abrigo han tomado
las galeras, duquesa, de la torre
que esta playa corona.

AMINTA

À ton amour, cher époux, le mien dès aujourd'hui se soumet. Je suis à toi.

DON JUAN, *à part.*

Tu connais bien mal le Trompeur de Séville !

Ils sortent.

Sur la plage de Tarragone.

Entrent Isabela et Fabio, en costume de voyage.

ISABELA

Oh ! Qu'on m'ait volé le maître de mon cœur, l'objet que j'estimais et que j'aimais le plus ! Ô rigoureux bourbier que la réalité des choses ! Ô masque du jour, nuit ténébreuse enfin, antipode du soleil, épouse du sommeil !

FABIO

À quoi sert, Isabela, l'amour au cœur et dans les yeux, si l'amour n'est que fausseté et ne sème que les soucis dans les champs de dédain, si celui qui aujourd'hui est heureux dans peu de temps devra pleurer ses malheurs ? La mer est agitée et devant cette grosse tempête l'instant vient à notre secours : les galères, Duchesse, se sont abritées sous la tour qui couronne cette plage.

ISABELA

¿Dónde estamos ahora?

FABIO

En Tarragona.
De aquí a poco espacio,
daremos en Valencia, ciudad bella,
del mismo sol palacio.
Divertiráste algunos días en ella,
y después a Sevilla,
irás a ver la octava maravilla.
Que si a Octavio perdiste,
más galán es don Juan, y de Tenorio
solar. ¿De qué estás triste?
Conde dicen que es ya don Juan Tenorio,
el rey con él te casa,
y el padre es la privanza de su casa.

ISABELA

No nace mi tristeza
de ser esposa de don Juan, que el mundo
conoce su nobleza;
en la esparcida voz mi agravio fundo,
que esta opinión perdida
es de llorar mientras tuviere vida.

FABIO

Allí una pescadora
tiernamente suspira y se lamenta,
y dulcemente llora.
Acá viene, sin duda, y verte intenta.
Mientras llamo tu gente,
lamentaréis las dos más dulcemente.

Vase Fabio y sale Tisbea.

ISABELA

Où sommes-nous à présent ?

FABIO

À Tarragone. Et dans peu de temps nous toucherons Valence, belle cité, palais du soleil lui-même. Dans cette ville, tu te divertiras quelques jours, puis tu iras voir à Séville la huitième merveille et si tu as perdu Octavio, don Juan est plus beau garçon et il est de la race des Tenorio ; de quoi es-tu triste ? On dit que don Juan Tenorio est déjà comte, le roi t'a mariée à lui et son père est le favori de la royale maison.

ISABELA

Ma tristesse ne vient pas d'être la femme de don Juan, tout le monde connaît sa noblesse. Ce qui m'afflige, c'est la rumeur qui court de mon honneur perdu ; il me faudra pleurer la perte de ma réputation toute ma vie durant.

FABIO

Là-bas, une pêcheuse mélancoliquement soupire et se lamente, et pleure doucement ; sans doute vient-elle par ici et va-t-elle tenter de te voir. Pendant que j'appelle tes gens, vous vous lamenterez, ensemble, moins amèrement.

Fabio sort. Entre Tisbea.

TISBEA

Robusto mar de España,
ondas de fuego, fugitivas ondas,
Troya de mi cabaña,
que ya el fuego, por mares y por ondas,
en sus abismos fragua,
y el mar forma, por las llamas, agua.
¡Maldito el leño sea
que a tu amargo cristal halló camino,
antojo de Medea,
tu cáñamo primero o primer lino,
aspado de los vientos
para telas de engaños e instrumentos!

ISABELA

¿Por qué del mar te quejas
tan tiernamente, hermosa pescadora?

TISBEA

Al mar formo mil quejas.
¡Dichosa vos que, en su tormento, agora
dél os estáis riendo!

ISABELA

También quejas del mar estoy haciendo.
¿De dónde sois?

TISBEA

De aquellas
cabañas que miráis del viento heridas
tan victorioso entre ellas,
cuyas pobres paredes desparcidas
van en pedazos graves,
dándole mil graznidos a las aves.

TISBEA

Puissante mer d'Espagne, ondes de feu, ondes fugitives, Troie que fut ma cabane puisque la mer par les eaux et les vagues forge le feu, puisque la mer en ses abîmes avec les flammes produit de l'eau. Maudit soit le bois qui, sur ton amer cristal, a trouvé un chemin, caprice de Médée[1] ; maudit soit le premier chanvre, ou le premier lin dévidé par le vent pour tisser des toiles de tromperies et d'artifices !

ISABELA

Pourquoi te plains-tu de la mer de façon si émouvante, belle pêcheuse ?

TISBEA

À la mer j'adresse mille plaintes. Heureuse vous qui pouvez en cet instant et dans ses tempêtes vous rire d'elle.

ISABELA

Moi aussi je me plains de la mer. D'où êtes-vous ?

TISBEA

De ces cabanes que vous voyez là-bas, battues par le vent qui les fouette, victorieux, et dont les pauvres murs éboulés en lourds morceaux offrent aux oiseaux mille croassements.

1. La magicienne Médée, par son désir, un « caprice », d'aider Jason à conquérir la Toison d'or, lui permit de sillonner les mers sur le vaisseau *Argo*. Tisbea reprend le lieu commun, si cher au XVIIe siècle espagnol, qui consiste à maudire les voyages sur mer.

En sus pajas me dieron
corazón de fortísimo diamante;
mas las obras me hicieron,
deste monstruo que ves tan arrogante,
ablandarme de suerte,
que al sol la cera es más robusta y fuerte.
¿Sois vos la Europa hermosa
que esos toros os llevan?

ISABELA

A Sevilla
llévanme a ser esposa
contra mi voluntad.

TISBEA

Si mi mancilla
a lástima os provoca,
y si injurias del mar os tienen loca,
en vuestra compañía,
para serviros como humilde esclava,
me llevad; que querría,
si el dolor o la afrenta no me acaba,
pedir al rey justicia
de un engaño cruel, de una malicia.
Del agua derrotado,
a esta tierra llegó don Juan Tenorio,
difunto y anegado:
amparéle, hospedéle en tan notorio
peligro, y el vil güésped
víbora fue a mi planta el tierno césped.
Con palabra de esposo,
la que de esta costa burla hacía,
se rindió al engañoso:
¡Mal haya la mujer que en hombres fía!
Fuese al fin y dejóme:
mira si es justo que venganza tome.

Au sein de leur chaume ils me faisaient un cœur de dur diamant. Mais les œuvres de ce monstre arrogant que tu contemples me firent attendrir de telle sorte que la cire, au soleil, résiste avec plus de force et de robustesse… Seriez-vous donc Europe la belle, que ces taureaux[1] vous portent ?

ISABELA

Ils m'emmènent à Séville, me marier contre ma volonté.

TISBEA

Si ma souillure vous inspire de la pitié et si la mer, par ses outrages, vous rend folle, emmenez-moi avec vous pour vous servir, comme une humble esclave ; car si la douleur et les offenses subies ne causent pas ma mort, je voudrais demander au roi justice d'une cruelle fourberie, d'une malice. Abandonné au gré des flots, noyé et sans connaissance, don Juan arriva sur cette berge. Je le soignai, je le recueillis en ce péril extrême, et l'hôte indigne fut pour mon talon une vipère cachée dans le doux gazon. Sur sa parole d'être épousée, celle qui sur ce rivage se moquait de l'amour s'abandonna à ce fourbe ; malheur à la femme qui aux hommes se fie ! Enfin il prit la fuite et m'abandonna ; tu vois que c'est à juste titre que je dois me venger.

1. Les taureaux dont Tisbea parle à Isabela sont tout simplement les bœufs qui tirent vers la terre les barques où ont pris place les passagers du navire arrivé de Naples. L'allusion à l'enlèvement de la nymphe Europe par Jupiter transformé en taureau, conté par Ovide dans ses *Métamorphoses*, est un lieu commun de la littérature européenne du XVIIe siècle.

ISABELA

¡Calla, mujer maldita!
Vete de mi presencia, que me has muerto.
Mas si el dolor te incita,
no tienes culpa tú, prosigue el cuento.

TISBEA

La dicha fuera mía.

ISABELA

¡Mal haya la mujer que en hombres fía!
¿Quién tiene de ir contigo?

TISBEA

Un pescador, Anfriso; un pobre padre
de mis males testigo.

ISABELA

No hay venganza que a mi mal tanto le cuadre.
Ven en mi compañía.

TISBEA

¡Mal haya la mujer que en hombres fía!

Vanse.

Claustro o nave de una iglesia de Sevilla.

Sale don Juan y Catalinón.

CATALINÓN

Todo enmaletado está.

DON JUAN

¿Cómo?

ISABELA

Tais-toi, femme maudite ! Hors de ma présence ! Tu m'as donné la mort. Mais si la douleur t'anime, ce n'est pas toi la coupable. Poursuis ton récit.

TISBEA

Quel bonheur eût été le mien !

ISABELA

Malheur à la femme qui aux hommes se fie ! Qui doit aller avec toi ?

TISBEA

Anfriso, un pêcheur, et un malheureux père, témoin de mes malheurs.

ISABELA

Il n'est point de vengeance qui convienne autant à mon malheur ; viens avec moi.

TISBEA

Malheur à la femme qui aux hommes se fie.

Elles sortent.

Dans le cloître ou la nef d'une église de Séville.

Entrent don Juan et Catalinón.

CATALINÓN

Tout est bouclé.

DON JUAN

Comment ?

CATALINÓN

Que Octavio ha sabido
la traición de Italia ya,
y el de la Mota ofendido
de ti justas quejas da
y dice al fin que el recaudo,
que de su prima le diste,
fue fingido y disimulado,
y con su capa emprendiste
la traición que le ha infamado.
Dicen que viene Isabela
a que seas su marido,
y dicen…

DON JUAN

¡Calla!

CATALINÓN

Una muela
en la boca me has rompido.

DON JUAN

Hablador, ¿quién te revela
tantos disparates juntos?

CATALINÓN

Verdades son.

DON JUAN

No pregunto
si lo son. Cuando me mate
Octavio, ¿estoy yo difunto?
¿No tengo manos también?
¿Dónde me tienes posada?

CATALINÓN

Eh bien, il y a qu'Octavio est maintenant au courant de ta trahison d'Italie, et que la Mota, que tu as offensé, se plaint justement de toi. Il dit que le message de sa cousine que tu lui donnas était faux et déguisé, et que, grâce à sa cape, tu as exécuté la traîtrise qui l'a marqué d'infamie. On dit qu'Isabela arrive pour que tu l'épouses et on dit…

DON JUAN

Tais-toi !

CATALINÓN

Aïe, ma bouche ! Tu m'as cassé une dent !

DON JUAN

Bavard ! Qui donc t'a révélé tant de sottises à la fois ?

CATALINÓN

Ce sont des vérités.

DON JUAN

Je ne demande pas si ce sont des vérités. Et quand Octavio voudrait me tuer, suis-je mort ? N'ai-je pas deux mains moi aussi ? Où m'as-tu trouvé un logement ?

CATALINÓN

En la calle oculta.

DON JUAN

Bien.

CATALINÓN

La iglesia es tierra sagrada.

DON JUAN

Di que de día me den
en ella la muerte. ¿Viste
al novio de Dos Hermanas?

CATALINÓN

También le vi ansiado y triste.

DON JUAN

Aminta, estas dos semanas,
no ha de caer en el chiste.

CATALINÓN

Tan bien engañada está,
que se llama doña Aminta.

DON JUAN

¡Graciosa burla será!

CATALINÓN

Graciosa burla y sucinta,
mas siempre la llorará.

Descúbrese un sepulcro de don Gonzalo de Ulloa.

CATALINÓN

Dans une rue écartée.

DON JUAN

C'est bien.

CATALINÓN

L'église est un lieu d'asile.

DON JUAN

Oh ! Qu'en plein jour on m'y donne la mort... As-tu vu le marié de Dos Hermanas ?

CATALINÓN

Je l'ai vu, lui aussi, anxieux et triste.

DON JUAN

Aminta avant deux semaines ne doit pas découvrir la bonne farce.

CATALINÓN

Elle est si abusée qu'elle se fait appeler doña Aminta !

DON JUAN

Quelle belle tromperie !

CATALINÓN

Plaisante et rapidement menée, mais qu'elle pleurera jusqu'à la mort.

On découvre un sépulcre, qui est celui de don Gonzalo de Ulloa.

DON JUAN

¿Qué sepulcro es éste?

CATALINÓN

Aquí
don Gonzalo está enterrado.

DON JUAN

Este es el que muerte di.
¡Gran sepulcro le han labrado!

CATALINÓN

Ordenólo el rey ansí.
¿Cómo dice este letrero?

DON JUAN

«Aquí aguarda del Señor,
el más leal caballero,
la venganza de un traidor.»
Del mote reírme quiero.

Asiendo de la barba a la estatua.

¿Y habéisos vos de vengar,
buen viejo, barbas de piedra?

CATALINÓN

No se las podrás pelar,
que en barbas muy fuertes medra.

DON JUAN

Aquesta noche a cenar
os aguardo en mi posada.
Allí el desafío haremos,
si la venganza os agrada;
y aunque mal reñir podremos,
si es de piedra vuestra espada.

DON JUAN

Quel sépulcre est-ce là ?

CATALINÓN

Ici est enterré don Gonzalo.

DON JUAN

C'est celui que j'ai tué ! On lui a fait un grand sépulcre !

CATALINÓN

Le roi l'a ordonné ainsi. Que dit l'inscription ?

DON JUAN

« C'est ici que le chevalier le plus loyal attend du Seigneur d'être vengé d'un traître. » La sentence me fait bien rire. *(Il prend la statue par la barbe.)* Alors, vous voulez vous venger, brave vieux, barbe de pierre ?

CATALINÓN

Tu ne pourras pas l'épiler, sa barbe est trop dure.

DON JUAN

Cette nuit, je vous attends pour dîner, à mon auberge. Là, nous nous défierons, si la vengeance vous agrée. Mais nous pourrons mal nous battre si votre épée est de pierre.

CATALINÓN

Ya, señor, ha anochecido;
vámonos a recoger.

DON JUAN

Larga esta venganza ha sido.
Si es que vos la habéis de hacer,
importa no estar dormido,
que si a la muerte aguardáis
la venganza, la esperanza
agora es bien que perdáis,
pues vuestro enojo y venganza
tan largo me lo fiáis.

Vanse.

Sala en la posada de don Juan.

Ponen la mesa dos criados.

PRIMERO CRIADO

Quiero apercebir la cena,
que vendrá a cenar don Juan.

SEGUNDO CRIADO

Puestas las mesas están.
¡Qué flema tiene si empieza!
Ya tarda como solía
mi señor; no me contenta;
la bebida se calienta
y la comida se enfría.
Mas, ¿quién a don Juan ordena
esta desorden?

Entran don Juan y Catalinón.

CATALINÓN

Monsieur, maintenant, il fait nuit, retirons-nous.

DON JUAN

Cette vengeance a été longue à venir. Si vous désirez la tirer, il importe de ne pas être endormi. Si vous attendez d'être vengé par ma mort, il faut que vous perdiez maintenant tout espoir, car votre courroux et votre vengeance me laissent un bien long répit.

Ils sortent.

Dans l'auberge de don Juan.

Deux valets mettent la table.

LE PREMIER VALET

Je vais préparer le repas, don Juan va venir dîner.

LE SECOND VALET

Les couverts sont mis. Quel flegme quand il commence ! Mon maître est en retard comme d'habitude. Je n'aime pas cela : la boisson devient chaude et les plats refroidissent : mais qui pourrait mettre de l'ordre au désordre de don Juan ?

Entrent don Juan et Catalinón.

DON JUAN

¿Cerraste?

CATALINÓN

Ya cerré como mandaste.

DON JUAN

¡Hola! Tráiganme la cena.

SEGUNDO CRIADO

Ya está aquí.

DON JUAN

Catalinón,
siéntate.

CATALINÓN

Yo soy amigo
de cenar de espacio.

DON JUAN

Digo
que te sientes.

CATALINÓN

La razón
haré.

PRIMERO CRIADO, *aparte*.

También es comino
éste, si come con él.

DON JUAN

Siéntate.

Un golpe dentro.

DON JUAN

As-tu fermé ?

CATALINÓN

J'ai bien fermé, comme tu l'as ordonné.

DON JUAN

Holà ! Qu'on m'apporte le dîner.

LE SECOND VALET

Le voici.

DON JUAN

Catalinón, assieds-toi.

CATALINÓN

J'aime prendre mon temps pour dîner.

DON JUAN

Je te dis de t'asseoir !

CATALINÓN

Je ferai comme tu me l'ordonnes.

LE PREMIER VALET, *à part.*

Il va nous ennuyer aussi, celui-là, s'il mange avec lui.

DON JUAN

Assieds-toi !

On frappe en coulisses.

CATALINÓN

Golpe es aquél.

DON JUAN

Que llamaron imagino;
mira quién es.

PRIMERO CRIADO

Voy volando.

CATALINÓN

¿Si es la justicia, señor?

DON JUAN

Sea, no tengas temor.

Vuelve el criado, huyendo.

¿Quién es? ¿De qué estás temblando?

CATALINÓN

De algún mal da testimonio.

DON JUAN

Mal mi cólera resisto.
Habla, responde, ¿qué has visto?
¿Asombróte algún demonio?
Ve tú, y mira aquella puerta:
¡presto, acaba!

CATALINÓN

¿Yo?

DON JUAN

Tú, pues.
Acaba, menea los pies.

CATALINÓN

J'entends un coup.

DON JUAN

J'imagine qu'on frappe à la porte. Va voir qui c'est.

LE PREMIER VALET

J'y vole !

CATALINÓN

C'est peut-être la justice, mon maître ?

DON JUAN

Et quand cela serait ? N'aie pas peur. *(Le valet revient, comme s'il fuyait.)* Qui est-ce ? Pourquoi trembles-tu ?

CATALINÓN

Il témoigne de quelque mal.

DON JUAN

J'ai peine à dominer ma colère. Parle, réponds, qu'as-tu vu ? Quelque démon t'a-t-il atterré ? Vas-y, toi, et regarde à la porte. Allez, vite !

CATALINÓN

Moi ?

DON JUAN

Eh bien, oui, toi. Allez, finis-en, remue tes pieds.

CATALINÓN

A mi agüela hallaron muerta,
como racimo colgada,
y desde entonces se suena
que anda siempre su alma en pena.
Tanto golpe no me agrada.

DON JUAN

Acaba.

CATALINÓN

Señor, si sabes
que soy un Catalinón…

DON JUAN

Acaba.

CATALINÓN

¡Fuerte ocasión!

DON JUAN

¿No vas?

CATALINÓN

¿Quién tiene las llaves
de la puerta?

SEGUNDO CRIADO

Con la aldaba
está cerrada no más.

DON JUAN

¿Qué tienes? ¿Por qué no vas?

CATALINÓN

Ma grand-mère, on l'a trouvée morte, pendue comme une grappe, et depuis ce temps on raconte que toujours son âme erre en peine. Un coup si fort ne me plaît pas.

DON JUAN

Finis-en.

CATALINÓN

Mais, mon maître, tu sais bien que je suis une Catherinette[1]...

DON JUAN

Finis-en.

CATALINÓN

Quelle affaire !

DON JUAN

Tu n'y vas pas ?

CATALINÓN

Qui a les clefs de la porte ?

LE SECOND VALET

Elle est fermée à la poignée. C'est tout.

DON JUAN

Qu'as-tu ? Pourquoi n'y vas-tu pas ?

1. Voir n. 1, p. 92-93.

CATALINÓN

Hoy Catalinón acaba.
¿Mas si las forzadas vienen
a vengarse de los dos?

Llega Catalinón a la puerta, y viene corriendo; cae y levántase.

DON JUAN

¿Qué es eso?

CATALINÓN

¡Válgame Dios!
¡Que me matan, que me tienen!

DON JUAN

¿Quién te tiene, quién te mata?
¿Qué has visto?

CATALINÓN

Señor, yo allí
vide cuando... luego fuí...
¿Quién me ase, quién me arrebata?
Llegué, cuando después ciego...
cuando vile, ¡juro a Dios!...
Habló y dije, ¿quién sois vos?...
respondió, respondí luego...
topé y vide...

DON JUAN

¿A quién?

CATALINÓN

No sé.

CATALINÓN

Aujourd'hui, c'en est fini de Catalinón. Et si les femmes que tu as forcées venaient se venger de nous deux ?

Catalinón va à la porte. Il revient en courant, tombe et se relève.

DON JUAN

Qu'est-ce que c'est ?

CATALINÓN

Dieu me protège ! On me tue, on me tient !

DON JUAN

Qui te tue ? Qui te tient ? Qu'as-tu vu ?

CATALINÓN

Monsieur, là-bas... J'ai vu... Quand j'y suis allé tout à l'heure... Qui me saisit ? Qui m'enlève ? Quand je suis arrivé... Aveuglé... Quand je l'ai vu. Je le jure devant Dieu... Il a parlé et j'ai dit : « Qui êtes-vous ? » Il a répondu... J'ai répondu ensuite... J'ai touché et j'ai vu...

DON JUAN

Qui ?

CATALINÓN

Je ne sais pas.

DON JUAN

¡Cómo el vino desatina!
Dame la vela, gallina,
y yo a quien llama veré.

Toma don Juan la vela y llega a la puerta. Sale al encuentro don Gonzalo, en la forma que estaba en el sepulcro, y don Juan se retira atrás turbado, empuñando la espada, y en la otra la vela, y don Gonzalo hacia él, con pasos menudos, y al compás don Juan, retirándose hasta estar en medio del teatro.

DON JUAN

¿Quién va?

DON GONZALO

Yo soy.

DON JUAN

¿Quién sois vos?

DON GONZALO

Soy el caballero honrado
que a cenar has convidado.

DON JUAN

Cena habrá para los dos,
y si vienen más contigo,
para todos cena habrá.
Ya puesta la mesa está.
Siéntate.

CATALINÓN

¡Dios sea conmigo!

DON JUAN

Comme le vin trouble l'esprit ! Donne-moi le flambeau, poule mouillée, et je vais voir, moi, qui frappe.

Don Juan prend le flambeau et va vers la porte. Vient à sa rencontre don Gonzalo sous la forme qu'il avait sur le sépulcre ; don Juan, troublé, recule, d'une main il saisit son épée tandis que l'autre tient toujours le flambeau. Don Gonzalo s'approche de lui à pas lents et, sur le même rythme, don Juan recule jusqu'à se trouver au milieu de la scène.

DON JUAN

Qui va là ?

DON GONZALO

C'est moi.

DON JUAN

Qui êtes-vous ?

DON GONZALO

Je suis le noble gentilhomme que tu as invité à souper.

DON JUAN

Il y aura assez à souper pour deux, et si d'autres viennent avec toi, il y en aura pour tous. Le couvert est déjà mis. Assieds-toi.

CATALINÓN

Que Dieu me protège !

¡San Panuncio, San Antón!
Pues ¿los muertos comen, di?
Por señas dice que sí.

DON JUAN

Siéntate, Catalinón.

CATALINÓN

No, señor, yo lo recibo
por cenado.

DON JUAN

Es desconcierto;
¿qué temor tienes a un muerto?
¿Qué hicieras estando vivo?
¡Necio y villano temor!

CATALINÓN

Cena con tu convidado,
que yo, señor, ya he cenado.

DON JUAN

¿He de enojarme?

CATALINÓN

Señor,
¡vive Dios que güelo mal!

DON JUAN

Llega, que aguardando estoy.

CATALINÓN

Yo pienso que muerto soy,
y está muerto mi arrabal.

Saint Panonceau ! Saint Mironton ! Alors les morts mangent ? Dis-moi ? Il fait signe que oui.

DON JUAN

Assieds-toi, Catalinón.

CATALINÓN

Non, mon maître, moi, j'ai déjà soupé.

DON JUAN

Cela n'a pas de sens. Quelle peur as-tu d'un mort ? Que ferais-tu s'il était vivant ? Sotte peur et peur de vilain !

CATALINÓN

Soupe avec ton invité. Moi, mon maître, j'ai déjà soupé.

DON JUAN

Veux-tu que je me fâche ?

CATALINÓN

Par Dieu, mon maître, voici que je sens mauvais.

DON JUAN

Viens, j'attends !

CATALINÓN

Je crois bien que je suis mort, et mon derrière[1] aussi.

1. Le mot *arrabal*, qui a comme premier sens « faubourg », quand on parle d'une ville ou d'un bourg, désigne métaphoriquement, et dans une langue populaire, le « derrière » d'un être humain, les « fesses ». Le derrière de Catalinón sent mauvais, car le valet a peur, et la peur a produit son effet ordinaire. Et cette mauvaise odeur ressemble à celle de la chair en putréfaction, d'où la réplique.

Tiemblan los criados.

DON JUAN

Y vosotros, ¿qué decís?
¿Qué hacéis? ¡Necio temblar!

CATALINÓN

Nunca quisiera cenar
con gente de otro país.
¿Yo, señor, con convidado
de piedra?

DON JUAN

¡Necio temer!
Si es piedra, ¿qué te ha de hacer?

CATALINÓN

Dejarme descalabrado.

DON JUAN

Háblale con cortesía.

CATALINÓN

¿Está bueno? ¿Es buena tierra
la otra vida? ¿Es llano o sierra?
¿Prémiase allá la poesía?

PRIMERO CRIADO

A todo dice que sí,
con la cabeza.

CATALINÓN

¿Hay allá
muchas tabernas? Si habrá,
si Noé reside allí.

Les valets tremblent de peur.

DON JUAN

Et vous autres, que dites-vous ? Que faites-vous ? Vous tremblez comme des sots !

CATALINÓN

Jamais je ne voudrais souper avec des gens d'un autre pays. Moi, mon maître, avec un invité de pierre ?

DON JUAN

Sotte crainte ! S'il est de pierre, que peut-il te faire ?

CATALINÓN

Me briser le crâne.

DON JUAN

Parle-lui poliment.

CATALINÓN

Êtes-vous en bonne santé ? L'autre vie est-elle un bon pays ? Est-ce la plaine, ou la montagne ? Là-bas, y a-t-il des prix de poésie ?

LE PREMIER VALET

À tout, il répond oui de la tête.

CATALINÓN

Là-bas, y a-t-il de nombreuses tavernes ? Sans doute, puisque Noé[1] y réside.

1. Allusion à l'aventure de Noé qui, s'étant enivré, fut surpris nu dans sa tente par ses fils.

DON JUAN

¡Hola! dadnos de beber.

CATALINÓN

Señor muerto, ¿allá se bebe
con nieve?

Baja la cabeza.

Así, que hay nieve:
buen país.

DON JUAN

Si oír cantar
queréis, cantarán.

Baja la cabeza.

SEGUNDO CRIADO

Sí, dijo.

DON JUAN

Cantad.

CATALINÓN

Tiene el seor muerto
buen gusto.

PRIMERO CRIADO

Es noble, por cierto,
y amigo de regocijo.

Cantan, dentro

Si de mi amor aguardáis,
señora, de aquesta suerte
el galardón en la muerte,
¡qué largo me lo fiáis!

DON JUAN

Holà ! Donnez-nous à boire.

CATALINÓN

Monsieur le Mort, là-bas boit-on rafraîchi à la neige[1] ? *(La statue incline la tête.)* Alors, il y a de la neige : bon pays.

DON JUAN

Si vous désirez entendre chanter, ils vont chanter.

La statue incline la tête.

LE SECOND VALET

Il a dit oui.

DON JUAN

Chantez.

CATALINÓN

Monsieur le Mort a bon goût.

LE PREMIER VALET

Il est noble, sans nul doute, et ami des plaisirs.

[DES CHANTEURS, *en coulisses.*]

Si vous attendez, madame, de cette façon,
que mon amour soit récompensé par la mort,
vous me laissez bien long répit !

1. Comme dans la première journée, la neige, ici, fait référence à une vie luxueuse, celle des puissants et des grands. La neige, que l'on conservait dans des puits profonds, servait à rafraîchir les desserts, le vin et les fruits. Cette recette était très connue dès le Moyen Âge, et de nombreux chroniqueurs y font allusion.

CATALINÓN

O es sin duda veraniego
el seor muerto, o debe ser
hombre de poco comer.
Temblando al plato me llego.
Poco beben por allá,

Bebe.

yo beberé por los dos.
Brindis de piedra ¡por Dios!
menos temor tengo ya.

Cantan

Si ese plazo me convida
para que gozaros pueda,
pues larga vida me queda,
dejad que pase la vida.
Si de mi amor aguardáis,
señora, de aquesta suerte
el galardón en la muerte,
¡qué largo me lo fiáis!

CATALINÓN

¿Con cuál de tantas mujeres
como has burlado, señor,
hablan?

DON JUAN

De todas me río,
amigo, en esta ocasión.
En Nápoles a Isabela…

CATALINÓN

Esa, señor, ya no es
burlada, porque se casa
contigo, como es razón.

CATALINÓN

Monsieur le Mort doit souffrir de la chaleur estivale ; ou alors c'est un homme qui mange peu. Je m'approche du plat en tremblant ; on boit peu là-bas ; *(il boit)* je vais boire pour deux. Par Dieu, portons une santé de pierre ! J'ai déjà moins peur.

[DES CHANTEURS, *en coulisses.*]

Si vous me fixez un tel délai
pour vous posséder,
puisqu'il me reste encore longtemps à vivre,
laissez-moi passer une bonne vie.
Si vous attendez, madame, de cette façon,
que mon amour soit récompensé par la mort,
vous me laissez bien long répit !

CATALINÓN

Mon maître, de toutes ces femmes que tu as trompées, à laquelle parlent-ils ?

DON JUAN

En cette occasion, ami, je me moque d'elles toutes. Isabela, à Naples…

CATALINÓN

Celle-là, mon maître, n'est plus ta dupe aujourd'hui, puisqu'elle se marie avec toi, ce qui est justice.

Burlaste a la pescadora
que del mar te redimió,
pagándole el hospedaje
en moneda de rigor.
Burlaste a doña Ana…

DON JUAN

Calla,
que hay parte aquí que lastó
por ella, y vengarse aguarda.

CATALINÓN

Hombre es de mucho valor,
que él es piedra, tú eres carne :
no es buena resolución.

Hace señas que se quite la mesa y queden solos.

DON JUAN

¡Hola ! quitad esa mesa,
que hace señas que los dos
nos quedemos, y se vayan
los demás.

CATALINÓN

¡Malo, por Dios !
No te quedes, porque hay muerto
que mata de un mojicón
a un gigante.

DON JUAN

Salíos todos.
¡A ser yo Catalinón !
Vete, que viene.

Tu as trompé la pêcheuse qui t'avait sauvé de la mer et tu lui as payé son hospitalité d'une bien mauvaise monnaie. Tu as trompé doña Ana…

DON JUAN

Tais-toi. Il y a ici quelqu'un qui a payé pour elle et qui attend de se venger.

CATALINÓN

C'est un homme d'une grande vaillance ! Il est en pierre et toi de chair… C'est une mauvaise affaire.

La statue fait signe que l'on enlève le couvert et qu'on la laisse seule avec don Juan.

DON JUAN

Holà ! Qu'on enlève ce couvert. Il fait signe que nous restions tous les deux, et que les autres s'en aillent.

CATALINÓN

Par Dieu, c'est de mauvais augure ! Ne reste pas, car il y a des morts qui, d'un seul coup, tuent un géant.

DON JUAN

Sortez tous. Moi, je ne suis pas Catalinón. Va-t'en, il arrive.

Vanse, y quedan los dos solos, y hace señas que cierre la puerta.

La puerta
ya está cerrada. Ya estoy
aguardando. Di, ¿qué quieres,
sombra o fantasma o visión?
Si andas en pena o si aguardas
alguna satisfacción
para tu remedio, dilo,
que mi palabra te doy
de hacer lo que ordenares.
¿Estás gozando de Dios?
¿Dite la muerte en pecado?
Habla, que suspenso estoy.

Paso, como cosa del otro mundo.

DON GONZALO

¿Cumplirásme una palabra
como caballero?

DON JUAN

Honor
tengo, y las palabras cumplo,
porque caballero soy.

DON GONZALO

Dame esa mano, no temas.

DON JUAN

¿Eso dices? ¿Yo temor?
Si fueras el mismo infierno,
la mano te diera yo.

Dale la mano.

(Tous sortent ; restent seuls don Juan et la statue du commandeur, qui lui fait signe de fermer la porte.) La porte est bien fermée. Maintenant j'attends. Dis, que veux-tu, ombre, fantôme ou vision ? Si ton âme erre en peine, ou si comme remède tu attends quelque satisfaction, dis-le-moi ; je te donne ma parole de faire ce que tu ordonneras. Es-tu au paradis ? Quand je t'ai donné la mort, étais-tu en état de péché ? Parle, je suis en suspens.

DON GONZALO, *tout doucement,*
comme une chose de l'autre monde.

Me tiendras-tu ta parole, comme un gentilhomme ?

DON JUAN

J'ai de l'honneur, et je tiens ma parole, car je suis gentilhomme.

DON GONZALO

Donne-moi cette main, n'aie pas peur.

DON JUAN

Que dis-tu là ? Moi, peur ? Si tu étais l'enfer en personne, je te donnerais la main.

Il lui donne la main.

DON GONZALO

Bajo esta palabra y mano,
mañana a las diez estoy
para cenar aguardando.
¿ Irás ?

DON JUAN

Empresa mayor
entendí que me pedías.
Mañana tu güésped soy.
¿ Dónde he de ir ?

DON GONZALO

A mi capilla.

DON JUAN

¿ Iré solo ?

DON GONZALO

No, los dos ;
y cúmpleme la palabra
como la he cumplido yo.

DON JUAN

Digo que la cumpliré,
que soy Tenorio.

DON GONZALO

Yo soy
Ulloa.

DON JUAN

Yo iré sin falta.

DON GONZALO

Sur ta parole et sur ta main, demain soir à dix heures je t'attendrai pour souper. Viendras-tu ?

DON JUAN

J'ai cru que tu allais me demander une chose plus difficile. Demain je suis ton hôte : où dois-je aller ?

DON GONZALO

À ma chapelle.

DON JUAN

Irai-je seul ?

DON GONZALO

Non, avec ton valet. Et tiens ta parole comme j'ai tenu la mienne.

DON JUAN

Je te dis que je la tiendrai. Je suis un Tenorio.

DON GONZALO

Je suis un Ulloa.

DON JUAN

J'irai sans faute.

DON GONZALO

Y yo lo creo. Adiós.

Va a la puerta.

DON JUAN

Aguarda, iréte alumbrando.

DON GONZALO

No alumbres, que en gracia estoy.

Vase muy poco a poco, mirando a don Juan, y don Juan a él, hasta que desaparece, y queda don Juan con pavor.

DON JUAN

¡Válgame Dios! todo el cuerpo
se ha bañado de un sudor,
y dentro de las entrañas
se me hiela el corazón.
Cuando me tomó la mano,
de suerte me la apretó,
que un infierno parecía :
jamás vide tal calor.
Un aliento respiraba,
organizando la voz,
tan frío, que parecía
infernal respiración.
Pero todas son ideas
que da la imaginación :
el temor y temer muertos
es más villano temor;
que si un cuerpo noble, vivo,
con potencias y razón
y con alma, no se teme,
¿quién cuerpos muertos temió?

DON GONZALO

Je le crois. Adieu.

Il va vers la porte.

DON JUAN

Attends, je vais t'éclairer.

DON GONZALO

Ne m'éclaire pas, la grâce de Dieu est avec moi.

Il se retire, très lentement, en regardant don Juan, et don Juan le regarde jusqu'à ce qu'il disparaisse, et don Juan demeure, épouvanté.

DON JUAN

Dieu me protège ! Mon corps est tout baigné de sueur, et mon cœur se glace dans mes entrailles. Quand il m'a pris la main, il me l'a serrée de telle sorte qu'on aurait dit l'enfer. Jamais je n'ai senti une telle chaleur. Il avait une haleine, en articulant sa voix, si froide qu'on eût dit le souffle de l'enfer. Mais ce sont là des rêves de l'imagination. La peur est un sentiment de vilain, surtout la peur des morts, car quand on ne craint pas un corps noble et vivant, avec toutes ses facultés, son âme et sa raison, peut-on craindre des corps morts ?

Mañana iré a la capilla
donde convidado soy,
porque se admire y espante
Sevilla de mi valor.

Vase.

Salón del Alcázar.

Sale el rey y don Diego Tenorio y acompañamiento.

EL REY

¿Llegó al fin Isabela?

DON DIEGO

Y disgustada.

EL REY

Pues ¿no ha tomado bien el casamiento?

DON DIEGO

Siente, señor, el nombre de infamada.

EL REY

De otra causa procede su tormento.
¿Dónde está?

DON DIEGO

En el convento está alojada
de las Descalzas.

1. Suivant sa logique théâtrale, et soucieux de faire allusion à des choses, à des êtres, à des événements connus de son public, Tirso de Molina se moque de ce que nous considérons comme des ana-

Demain j'irai à la chapelle où je suis convié, afin que de ma vaillance Séville s'étonne et s'émerveille.

Il sort.

Dans une grande salle de l'Alcázar de Séville.

Entrent le roi et don Diego Tenorio, avec leur escorte.

LE ROI

Isabela est-elle enfin arrivée ?

DON DIEGO

Oui, et très mécontente.

LE ROI

Alors, elle n'a pas bien pris ce mariage ?

DON DIEGO

L'infamie qui pèse sur son nom lui donne du tourment.

LE ROI

Son chagrin doit avoir une autre raison. Où est-elle ?

DON DIEGO

Elle est logée au couvent des Carmélites déchaussées[1].

chronismes. Le couvent des Carmélites déchaussées, le plus ancien de Séville, remonte à 1520. Rien à voir, donc, avec l'époque — de fiction — où est censée se passer l'action de la pièce, le XIVe siècle.

EL REY

Salga del convento
luego al punto, que quiero que en palacio
asista con la reina más de espacio.

DON DIEGO

Si ha de ser con don Juan el desposorio,
manda, señor, que tu presencia vea.

EL REY

Véame, y galán salga, que notorio
quiero que este placer al mundo sea.
Conde será, desde hoy, don Juan Tenorio,
de Lebrija ; él la mande y la posea,
que si Isabela a un duque corresponde,
ya que ha perdido un duque, gane un conde.

DON DIEGO

Todos por la merced tus pies besamos.

EL REY

Merecéis mi favor tan dignamente,
que si aquí los servicios ponderamos,
me quedo atrás con el favor presente.
Paréceme, don Diego, que hoy hagamos
las bodas de doña Ana juntamente.

DON DIEGO

¿Con Octavio ?

EL REY

No es bien que el duque Octavio
sea el restaurador de aqueste agravio.
Doña Ana con la reina me ha pedido
que perdone al marqués, porque doña Ana,

LE ROI

Qu'elle sorte du couvent sur-le-champ ; je veux qu'au palais elle vive auprès de la reine, plus agréablement.

DON DIEGO

Si elle doit épouser don Juan, mon fils, fasse, Sire, qu'il puisse voir ta personne.

LE ROI

Qu'il paraisse en ma présence, et en habit de cour. Je veux que ce bonheur soit connu de tous. Don Juan Tenorio sera fait aujourd'hui même comte de Lebrija ; qu'il possède et gouverne ce fief ; si Isabela mérite un duc, puisqu'elle a perdu un duc, qu'elle gagne un comte.

DON DIEGO

Pour cette grâce, tous nous te baisons les pieds.

LE ROI

Vous êtes si hautement digne de ma faveur, que si nous considérons ici tous les services rendus, même avec la présente grâce, je vous dois encore beaucoup. Mon avis est qu'aujourd'hui nous célébrions également la noce de doña Ana.

DON DIEGO

Et Octavio ?

LE ROI

Il n'est pas bien qu'Octavio soi celui qui répare une telle offense. Doña Ana, comme la reine, m'a demandé de pardonner au marquis, car doña Ana,

ya que el padre murió, quiere marido,
porque si le perdió, con él le gana.
Iréis con poca gente y sin ruido
luego a hablalle a la fuerza de Triana,
y por su satisfacción y por su abono
de su agraviada prima, le perdono.

DON DIEGO

Ya he visto lo que tanto deseaba.

EL REY

Que esta noche han de ser, podéis decille,
los desposorios.

DON DIEGO

Todo en bien se acaba.
Fácil será al marqués el persuadille,
que de su prima amartelado estaba.

EL REY

También podéis Octavio prevenille.
Desdichado es el duque con mujeres,
son todas opinión y pareceres.
Hanme dicho que está muy enojado
con don Juan.

DON DIEGO

No me espanto si ha sabido
de don Juan el delito averiguado,
que la causa de tanto daño ha sido.
El duque viene.

EL REY

No dejéis mi lado,
que en el delito sois comprehendido.

puisque son père est mort, a besoin d'un mari, et si elle a perdu le soutien de son père, elle en gagne un autre en épousant Mota. Vous irez avec une petite escorte et discrètement au fort de Triana et vous lui parlerez. Dites-lui que pour donner satisfaction à sa cousine offensée, et la rétablir dans son honneur, je lui pardonne.

DON DIEGO

Je vois maintenant s'accomplir ce que je désirais tant.

LE ROI

Vous pouvez lui dire que les épousailles[1] auront lieu ce soir.

DON DIEGO

Tout finit bien. Il sera facile de convaincre le marquis, il était fou de sa cousine.

LE ROI

Vous pouvez également prévenir Octavio. Le duc, avec les femmes, n'a pas de chance : elles ne sont que caprices et versatilité. On m'a dit qu'il était très fâché contre don Juan.

DON DIEGO

Je n'en suis pas étonné, s'il connaît la faute avérée de don Juan, cause de tant de malheur. Le voici qui vient.

LE ROI

Restez à mes côtés; dans ce délit vous êtes impliqué.

1. Le texte dit : *los desposorios.* Voir n. 1, p. 222-223.

Sale el duque Octavio.

OCTAVIO

Los pies, invicto rey, me dé tu Alteza.

EL REY

Alzad, duque, y cubrid vuestra cabeza.
¿Qué pedís ?

OCTAVIO

Vengo a pediros,
postrado ante vuestras plantas,
una merced, cosa justa,
digna de serme otorgada.

EL REY

Duque, como justa sea,
digo que os doy mi palabra
de otorgárosla. Pedid.

OCTAVIO

Ya sabes, señor, por cartas
de tu Embajador, y el mundo
por la lengua de la fama.
Sabes que don Juan Tenorio,
con española arrogancia,
en Nápoles, una noche,
¡para mí noche tan mala !
con mi nombre profanó
el sagrado de una dama.

EL REY

No pases más adelante.
Ya supe vuestra desgracia.
En efecto ; ¿qué pedís ?

Entre le duc Octavio.

OCTAVIO

Que Ton Altesse, ô Roi invaincu, daigne que je me prosterne à ses pieds.

LE ROI

Relevez-vous, Duc, et couvrez-vous. Que voulez-vous ?

OCTAVIO

Prosterné à vos pieds, je viens vous demander une faveur, faveur justifiée et digne de m'être accordée.

LE ROI

Si elle est juste, je déclare vous donner ma parole de vous l'accorder. Demandez.

OCTAVIO

Sire, tu sais déjà, par des lettres de ton ambassadeur, et le monde entier sait, par la voix de la renommée, que don Juan Tenorio, avec une espagnole arrogance, à Naples, une nuit, pour moi nuit si funeste, sous le couvert de mon nom, a profané la vertu sacrée d'une dame.

LE ROI

Ne poursuis pas davantage. Je suis déjà informé de votre infortune. Mais alors, que demandez-vous ?

OCTAVIO

Licencia que en la campaña
defienda como es traidor.

DON DIEGO

Eso no. Su sangre clara
es tan honrada…

EL REY

¡Don Diego!

DON DIEGO

Señor.

OCTAVIO

¿Quién eres que hablas
en la presencia del rey
de esa suerte?

DON DIEGO

Soy quien calla,
porque me lo manda el rey;
que si no, con esta espada
te respondiera.

OCTAVIO

Eres viejo.

DON DIEGO

Ya he sido mozo en Italia,
a vuestro pesar, un tiempo;
ya conocieron mi espada
en Nápoles y en Milán.

OCTAVIO

La permission de le combattre en juste duel pour sa traîtrise.

DON DIEGO

Ah non ! Son sang illustre est si noble…

LE ROI

Don Diego !

DON DIEGO

Sire ?

OCTAVIO

Qui es-tu pour parler ainsi devant le roi ?

DON DIEGO

Je suis celui qui se tait parce que le roi l'ordonne ; sinon, avec cette épée, je t'aurais répondu.

OCTAVIO

Tu es vieux.

DON DIEGO

J'ai été jeune, en un temps et pour votre malheur, en Italie ; à Naples et à Milan on a vu ce que valait mon épée.

OCTAVIO

Tienes ya la, sangre helada.
No vale «fui», sino «soy».

DON DIEGO

Pues fui y soy.

Empuña.

EL REY

Tened, basta,
bueno está. Callad, don Diego,
que a mi persona se guarda
poco respeto. Y vos, duque,
después que las bodas se hagan,
más de espacio hablaréis.
Gentilhombre de mi cámara
es don Juan, y hechura mía
y de aqueste tronco rama :
mirad por él.

OCTAVIO

Yo lo haré,
gran señor, como lo mandas.

EL REY

Venid conmigo, don Diego.

DON DIEGO, *aparte.*

¡Ay, hijo ! ¡qué mal me pagas
el amor que te he tenido !

EL REY

Duque.

OCTAVIO

Ton sang est maintenant de glace. Ce qui compte ce n'est pas « j'ai été » mais « je suis ».

DON DIEGO

Eh bien, j'ai été et je suis.

Il empoigne son épée.

LE ROI

Arrêtez. Il suffit. C'est bon. Taisez-vous don Diego ! On a bien peu d'égards pour ma personne. Et vous, Duc, quand les noces auront lieu, vous parlerez plus à loisir. Don Juan est gentilhomme de ma chambre, il est ma créature et branche de ce noble tronc. Considérez-le.

OCTAVIO

Je ferai, Grand Roi, comme tu l'ordonnes.

LE ROI

Venez avec moi, don Diego.

DON DIEGO, *à part.*

Ah ! Mon fils ! Comme tu paies mal l'amour que j'ai eu pour toi.

LE ROI

Duc.

OCTAVIO

Gran señor.

EL REY

Mañana
vuestras bodas se han de hacer.

OCTAVIO

Háganse, pues tú lo mandas.

Vase el Rey y don Diego, y sale Gaseno y Aminta.

GASENO

Este señor nos dirá
dónde está don Juan Tenorio.
Señor, ¿si está por acá
un don Juan a quien notorio
ya su apellido será?

OCTAVIO

Don Juan Tenorio diréis.

AMINTA

Sí, señor, ese don Juan.

OCTAVIO

Aquí está : ¿qué le queréis?

AMINTA

Es mi esposo ese galán.

OCTAVIO

¿Cómo?

OCTAVIO

Grand Roi ?

LE ROI

Demain, vos noces seront célébrées.

OCTAVIO

Qu'elles le soient, puisque tu l'ordonnes.

Le roi et don Diego sortent. Entrent Gaseno et Aminta.

GASENO

Ce seigneur va nous dire où se trouve don Juan Tenorio. Monsieur, n'y a-t-il pas par ici un don Juan dont le nom de famille doit vous être connu ?

OCTAVIO

Vous voulez sans doute dire don Juan Tenorio ?

AMINTA

Oui, monsieur, ce don Juan-là.

OCTAVIO

Il se trouve ici. Que lui voulez-vous ?

AMINTA

Ce beau jeune homme est mon époux.

OCTAVIO

Comment ?

AMINTA

Pues, ¿no lo sabéis
siendo del alcázar vos ?

OCTAVIO

No me ha dicho don Juan nada.

GASENO

¿Es possible ?

OCTAVIO

Sí, por Dios.

GASENO

Doña Aminta es muy honrada,
cuando se casen los dos,
que cristiana vieja es
hasta los güesos, y tiene
de la hacienda el interés,
más bien que un conde, un marqués.
Casóse don Juan con ella,
y quitósela a Batricio.

AMINTA

Decid cómo fue doncella
a su poder.

GASENO

No es juicio
esto, ni aquesta querella.

OCTAVIO, *aparte.*

Esta es burla de don Juan,
y para venganza mía
éstos diciéndola están.
¿Qué pedís, al fin ?

AMINTA

Mais enfin, vous ne le savez pas, vous qui êtes de l'Alcázar ?

OCTAVIO

Don Juan ne m'a rien dit.

GASENO

Est-ce possible ?

OCTAVIO

Assurément, par Dieu !

GASENO

Doña Aminta est très honorable. Celui qui l'épousera trouvera en elle un sang vieux chrétien[1] jusqu'aux os, et elle est si bonne ménagère qu'elle mérite plus qu'un comte, un marquis. Don Juan s'est marié avec elle et l'a enlevée à Batricio.

AMINTA

Dites bien qu'elle était vierge quand il l'a possédée.

GASENO

Là n'est pas le différend, ni le litige.

OCTAVIO, *à part.*

Ceci est encore une fourberie de don Juan ; mais ces gens la racontent pour ma vengeance. *(Haut :)* Que demandez-vous, enfin ?

1. Est « vieux chrétien » qui, de façon certaine, n'a dans les veines ni sang juif ni sang maure.

GASENO

Querría,
porque los días se van,
que se hiciese el casamiento,
o querellarme ante el rey.

OCTAVIO

Digo que es justo ese intento.

GASENO

Y razón y justa ley.

OCTAVIO, *aparte.*

Medida a mi pensamiento
ha venido la ocasión.
En el alcázar tenéis
bodas.

AMINTA

¿Si las mías son?

OCTAVIO

Quiero, para que acertemos,
valerme de una invención.
Venid donde os vestiréis,
señora, a lo cortesano,
y a un cuarto del rey saldréis
conmigo.

AMINTA

Vos de la mano
a don Juan me llevaréis.

OCTAVIO

Que desta suerte es cautela.

GASENO

Je voudrais, voyant que les jours passent, qu'on célèbre ce mariage, ou bien je me plaindrai devant le roi.

OCTAVIO

Je dis que cette intention est juste.

GASENO

Et que c'est raison et juste loi.

OCTAVIO, *à part.*

L'occasion vient à point servir mes intentions. *(Haut :)* Il y a des noces à l'Alcázar.

AMINTA

Ce sont peut-être les miennes ?

OCTAVIO

Je veux, afin que nous réussissions, m'aider d'un stratagème. Venez, madame, où vous pourrez vous vêtir comme il est d'usage à la Cour et vous paraîtrez avec moi dans un appartement du roi.

AMINTA

C'est vous qui me tiendrez la main et me conduirez à don Juan.

OCTAVIO

Ce sera une ruse.

GASENO

El arbitrio me consuela.

OCTAVIO, *aparte.*

Estos venganza me dan
de aqueste traidor don Juan
y el agravio de Isabela.

Vanse.

*Calle con vista de la iglesia
donde está sepultado el Comendador.*

Sale don Juan y Catalinón.

CATALINÓN

¿Cómo el rey te recibió?

DON JUAN

Con más amor que mi padre.

CATALINÓN

¿Viste a Isabela?

DON JUAN

También.

CATALINÓN

¿Cómo viene?

DON JUAN

Como un ángel.

CATALINÓN

¿Recibióte bien?

GASENO

Ce procédé me console.

OCTAVIO, *à part.*

Ces gens me donnent l'occasion de me venger de ce traître de don Juan et de l'offense faite à Isabela.

Ils sortent.

Dans une rue, avec l'église
où le commandeur est enseveli.

Entrent don Juan et Catalinón.

CATALINÓN

Comment le roi t'a-t-il reçu ?

DON JUAN

Avec plus d'amour que mon père.

CATALINÓN

As-tu vu Isabela ?

DON JUAN

Également.

CATALINÓN

Comment est-elle ?

DON JUAN

Elle ressemble à un ange.

CATALINÓN

T'a-t-elle bien reçu ?

DON JUAN

El rostro
bañado de leche y sangre,
como la rosa que al alba
despierta la débil caña.

CATALINÓN

Al fin, ¿esta noche son
las bodas?

DON JUAN

Sin falta.

CATALINÓN

Fiambres
hubieran sido, no hubieras,
señor, engañado a tantas.
Pero tú tomas esposa,
señor, con cargas muy grandes.

DON JUAN

Di, ¿comienzas a ser necio?

CATALINÓN

Y podrás muy bien casarte
mañana, que hoy es mal día.

DON JUAN

Pues ¿qué día es hoy?

CATALINÓN

Es martes.

DON JUAN

Le visage baigné de sang et de lait, telle la rose qui, à l'aube, redresse sa tige fragile.

CATALINÓN

Enfin, les noces sont pour ce soir ?

DON JUAN

Sans faute.

CATALINÓN

Si leurs chairs avaient été plus rassies, mon maître, tu n'aurais pas trompé tant de femmes. Mais tu prends une femme, mon maître, avec un passé bien chargé.

DON JUAN

Dis-moi, vas-tu commencer à faire l'idiot ?

CATALINÓN

Tu ferais bien d'attendre demain pour te marier. Aujourd'hui est un mauvais jour.

DON JUAN

Mais quel jour sommes-nous donc ?

CATALINÓN

Mardi.

DON JUAN

Mil embusteros y locos
dan en esos disparates.
Sólo aquel llamo mal día,
aciago y detestable,
en que no tengo dineros,
que lo demás es donaire.

CATALINÓN

Vamos, si te has de vestir,
que te aguardan, y ya es tarde.

DON JUAN

Otro negocio tenemos
que hacer, aunque nos aguarden.

CATALINÓN

¿Cuál es?

DON JUAN

Cenar con el muerto.

CATALINÓN

Necedad de necedades.

DON JUAN

¿No ves que di mi palabra?

CATALINÓN

Y cuando se la quebrantes,
¿qué importa? ¿Ha de pedirte
una figura de jaspe
la palabra?

DON JUAN

Mille menteurs et mille fous croient à ces sornettes[1]. Je n'appelle, moi, jour mauvais, funeste et détestable que celui où je n'ai pas d'argent. Le reste est plaisanterie.

CATALINÓN

Allons, si tu dois t'habiller ; on t'attend, et il est déjà tard.

DON JUAN

Nous avons une autre chose à faire, même si on doit nous attendre.

CATALINÓN

Et laquelle ?

DON JUAN

Souper avec le mort.

CATALINÓN

Sottise des sottises.

DON JUAN

Ne vois-tu pas que j'ai donné ma parole ?

CATALINÓN

Et quand même tu ne la tiendrais pas ? Qu'importe ! Une statue de jaspe va-t-elle te demander de tenir ta parole ?

1. Le mardi passait pour un jour néfaste, ainsi qu'en témoignent les dictons *En martes, ni tu casa mudes, ni tu hija cases, ni tu ropa tajes* (« Le mardi, ne déménage point, ne marie point ta fille, ne te taille pas un habit ») et *En martes, ni tu tela urdas, ni tu hija cases* (« Le mardi, ne tisse point ta toile, ne marie pas ta fille »), cités par Gonzalo Correas dans son *Vocabulario de refranes y frases proverbiales* (1627).

DON JUAN

Podrá el muerto
llamarme a voces infame.

CATALINÓN

Ya está cerrada la iglesia.

DON JUAN

Llama.

CATALINÓN

¿Qué importa que llame?
¿quién tiene de abrir, que están
durmiendo los sacristanes?

DON JUAN

Llama a ese postigo.

CATALINÓN

Abierto
está.

DON JUAN

Pues entra.

CATALINÓN

Entre un fraile
con su hisopo y estola.

DON JUAN

Sígueme y calla.

CATALINÓN

¿Que calle?

DON JUAN

Le mort pourra proclamer mon infamie.

CATALINÓN

L'église est fermée.

DON JUAN

Frappe à la porte.

CATALINÓN

À quoi me servirait de frapper ? Qui pourrait bien m'ouvrir ? Les sacristains sommeillent.

DON JUAN

Frappe à ce volet.

CATALINÓN

Il est ouvert.

DON JUAN

Eh bien, entre.

CATALINÓN

Qu'à ma place entre un moine avec son goupillon et son étole.

DON JUAN

Suis-moi et tais-toi.

CATALINÓN

Que je me taise ?

DON JUAN

Sí.

CATALINÓN

Dios en paz
destos convites me saque.

Entran por una puerta y salen por otra.

¡Qué escura que está la iglesia,
señor, para ser tan grande!
¡Ay de mí! ¡Tenme, señor,
porque de la capa me asen!

Sale don Gonzalo como de antes, y encuéntrase con ellos.

DON JUAN

¿Quién va?

DON GONZALO

Yo soy.

CATALINÓN

¡Muerto estoy!

DON GONZALO

El muerto soy, no te espantes.
No entendí que me cumplieras
la palabra, según haces
de todos burla.

DON JUAN

¿Me tienes
en opinión de cobarde?

DON JUAN

Oui.

CATALINÓN

Que Dieu me tire en paix de pareils festins. *(Ils sortent par une porte et rentrent par une autre.)* Que cette église est sombre, mon maître, et pourtant elle est très grande. Au secours ! Retiens-moi, mon maître ! Quelqu'un me tire par mon manteau.

Entre don Gonzalo sous les traits de statue qu'il avait auparavant et il va à leur rencontre.

DON JUAN

Qui va là ?

DON GONZALO

C'est moi.

CATALINÓN

Je suis mort !

DON GONZALO

C'est moi le mort ; ne crains rien. Je ne pensais pas que tu tiendrais ta parole, toi qui te moques de tout le monde !

DON JUAN

Me prends-tu pour un lâche ?

DON GONZALO

Sí, que aquella noche huíste
de mí, cuando me mataste.

DON JUAN

Huí de ser conocido,
mas ya me tienes delante.
Di presto lo que me quieres.

DON GONZALO

Quiero a cenar convidarte.

CATALINÓN

Aquí excusamos la cena,
que toda ha de ser fiambre,
pues no parece cocina.

DON JUAN

Cenemos.

DON GONZALO

Para cenar
es menester que levantes
esa tumba.

DON JUAN

Y si te importa,
levantaré esos pilares.

DON GONZALO

Valiente estás.

DON GONZALO

Oui ; car cette nuit-là, après m'avoir tué, tu as fui.

DON JUAN

J'ai fui pour ne pas être reconnu ; mais à présent me voici devant toi. Dis sans tarder ce que tu attends de moi.

DON GONZALO

Je veux t'inviter à souper.

CATALINÓN

Nous nous passerons bien de souper ici ; tout doit être composé de viandes refroidies, car je ne vois pas de cuisine.

DON JUAN

Soupons.

DON GONZALO

Pour souper, il faut que tu soulèves cette dalle.

DON JUAN

Et si tu y tiens, je soulèverai aussi ces piliers.

DON GONZALO

Tu es un homme courageux.

DON JUAN, *alzando por un extremo el túmulo, que deja descubierta una mesa negra aparada.*

Tengo brío
y corazón en las carnes.

CATALINÓN

Mesa de Guinea es ésta.
Pues ¿no hay por allá quien lave?

DON GONZALO

Siéntate.

DON JUAN

¿Adónde?

CATALINÓN

Con sillas
vienen ya dos negros pajes.

Entran dos enlutados con dos sillas.

¿También acá se usan lutos
y bayeticas de Flandes?

DON GONZALO

Siéntate.

CATALINÓN

¿Yo, señor?
He merendado esta tarde.

1. Allusion à la couleur de la table, qui est d'ébène. De la couleur noire — on dîne chez un mort — à la crasse, il n'y a qu'un pas, que le valet comique, cachant sa peur derrière une plaisanterie facile, n'hésite pas à franchir.

DON JUAN, *soulevant par une extrémité la dalle du tombeau, qui laisse apparaître une table dressée de noir.*

Oui j'ai de la vigueur et j'ai du cœur au ventre.

CATALINÓN

Cette table est une table de Guinée[1]. Il n'y a donc personne qui lave, là-bas ?

DON GONZALO

Assieds-toi.

DON JUAN

Où ?

CATALINÓN

Voici venir deux pages noirs qui apportent des chaises. *(Deux hommes en deuil entrent avec deux chaises.)* Porte-t-on dans cet autre monde des vêtements de deuil et de la bayette[2] flamande ?

DON GONZALO

Assieds-toi.

CATALINÓN

Moi, mon maître ? J'ai pris mon goûter tantôt.

2. La bayette est une étoffe souvent noire et relativement bon marché qui servait, entre autres choses, à faire des soutanes, des robes d'étudiants et des vêtements et tentures de deuil. Et c'est de Flandres que l'Espagne importait les toiles. Les étoffes flamandes étaient fameuses depuis le Moyen Âge. Les *romances* des XVe et XVIe siècles y font souvent allusion.

DON GONZALO

No repliques.

CATALINÓN

No replico.
Dios en paz de esto me saque.
¿Qué plato es éste, señor?

DON GONZALO

Este plato es de alacranes
y víboras.

CATALINÓN

¡Gentil plato!

DON GONZALO

Estos son nuestros manjares.
¿No comes tú?

DON JUAN

Comeré,
si me dieres áspid, y áspides
cuantos el infierno tiene.

DON GONZALO

También quiero que te canten.

CATALINÓN

¿Qué vino beben acá?

DON GONZALO

Pruébalo.

CATALINÓN

Hiel y vinagre
es este vino.

DON GONZALO

Ne réplique pas.

CATALINÓN

Je ne réplique pas. Que Dieu me tire en paix de cette mauvaise affaire. Quel est ce plat, mon maître ?

DON GONZALO

Ce plat est composé de scorpions et de vipères.

CATALINÓN

Joli plat !

DON GONZALO

Ce sont là nos aliments. Tu ne manges pas ?

DON JUAN

Je mangerai, même si tu me donnes un aspic, et tous les aspics que possède l'enfer.

DON GONZALO

Je veux aussi que l'on chante pour toi.

CATALINÓN

Quel vin boit-on chez vous ?

DON GONZALO

Goûte-le.

CATALINÓN

Ce vin est du vinaigre et du fiel.

DON GONZALO

Este vino
exprimen nuestros lagares.

Cantan

Adviertan los que de Dios
juzgan los castigos grandes,
que no hay plazo que no llegue
ni deuda que no se pague.

CATALINÓN

¡Malo es esto, vive Cristo!
que he entendido este romance,
y que con nosotros habla.

DON JUAN

Un hielo el pecho me abrasa.

Cantan

Mientras en el mundo viva,
no es justo que diga nadie:
¡qué largo me lo fiáis!
siendo tan breve el cobrarse.

CATALINÓN

¿De qué es este guisadillo?

DON GONZALO

De uñas.

CATALINÓN

De uñas de sastre
será, si es guisado de uñas.

DON GONZALO

C'est ce vin-là qui coule de nos pressoirs.

[DES CHANTEURS, *en coulisses.*]

Que se tiennent prêts ceux qui doivent exécuter
les terribles châtiments de Dieu :
il n'est délai qui ne vienne à son terme,
ni dette qui demeure impayée.

CATALINÓN

Par le Christ ! Tout cela tourne mal. J'ai compris ce refrain, et qu'il parle de nous.

DON JUAN

Mon cœur est brûlé de glace.

[DES CHANTEURS, *en coulisses.*]

Tant que quelqu'un est en vie,
il n'est pas juste qu'il dise :
« vous me laissez bien long répit »
car il est bref, le temps du repentir.

CATALINÓN

De quoi est fait ce petit ragoût ?

DON GONZALO

De griffes.

CATALINÓN

Il doit être fait de griffes de tailleurs[1], si c'est un ragoût d'ongles.

1. Catalinón fait encore la satire des tailleurs. Ces derniers étant réputés avares, ils ont les ongles longs et crochus.

DON JUAN

Ya he cenado, haz que levanten
la mesa.

DON GONZALO

Dame esa mano,
no temas, la mano dame.

DON JUAN

¿Eso dices? ¿Yo, temor?
¡Que me abraso! ¡No me abrases
con tu fuego!

DON GONZALO

Este es poco
para el fuego que buscaste.
Las maravillas de Dios
son, don Juan, investigables,
y así quiere que tus culpas
a manos de un muerto pagues,
y si pagas desta suerte,
esta es justicia de Dios :
quien tal hace, que tal pague.

DON JUAN

¡Que me abraso, no me aprietes!
Con la daga he de matarte.
Mas ¡ay! que me canso en vano
de tirar golpes al aire.
A tu hija no ofendí,
que vio mis engaños antes.

DON GONZALO

No importa, que ya pusiste
tu intento.

DON JUAN

Maintenant j'ai soupé ; ordonne de desservir.

DON GONZALO

Donne-moi cette main, n'aie pas peur. Donne-moi ta main.

DON JUAN

Que dis-tu ? Moi, peur ? Ah ! je brûle ! Ne m'embrase pas de ton feu !

DON GONZALO

Ce feu est peu de chose auprès de celui que tu as cherché. Les merveilles de Dieu, don Juan, sont impénétrables. Et c'est ainsi sa volonté que tu paies tes fautes par les mains d'un mort et si tu paies ainsi, c'est la justice de Dieu : « Œil pour œil, dent pour dent. »

DON JUAN

Ah ! je brûle ! Ne me serre pas tant ! Je vais te tuer avec ma dague. Mais hélas ! je m'épuise en vain à porter des coups dans le vide. Je n'ai pas offensé ta fille… Elle avait percé mon stratagème avant que…

DON GONZALO

Cela n'importe pas, ton but était bien celui-là.

DON JUAN

Deja que llame
quien me confiese y absuelva.

DON GONZALO

No hay lugar, ya acuerdas tarde.

DON JUAN

¡Que me quemo! ¡Que me abraso!
¡Muerto soy!

Cae muerto.

CATALINÓN

No hay quien se escape,
que aquí tengo de morir
también por acompañarte.

DON GONZALO

Esta es justicia de Dios :
quien tal hace, que tal pague.

Húndese el sepulcro con don Juan y don Gonzalo, con mucho ruido, y sale Catalinón arrastrando.

CATALINÓN

¡Válgame Dios! ¿Qué es aquesto?
Toda la capilla se arde,
y con el muerto he quedado,
para que le vele y guarde.
Arrastrando como pueda,
iré a avisar a su padre.
¡San Jorge, San Agnus Dei,
sacadme en paz a la calle!

Vase.

DON JUAN

Laisse-moi appeler un prêtre qui me confesse et m'absolve.

DON GONZALO

Il n'est plus temps, il est trop tard pour te repentir.

DON JUAN

Ah ! je brûle ! Mon corps est embrasé ! Je suis mort.

Il tombe mort.

CATALINÓN

Personne n'en réchappera. Je vais aussi mourir là, pour t'accompagner.

DON GONZALO

Telle est la justice de Dieu : « Œil pour œil, dent pour dent. »

Le sépulcre s'enfonce avec fracas engloutissant don Juan et don Gonzalo. Catalinón s'enfuit en se traînant.

CATALINÓN

Dieu me protège ! Qu'est-ce là ? Toute la chapelle est en flammes et moi je reste avec le mort pour le garder et le veiller. En me traînant comme je pourrai, je vais avertir son père. Saint Georges ! Saint *Agnus Dei* ! Sortez-moi d'ici !

Il sort.

Salón del Alcázar.

Sale el rey, don Diego y acompañamiento.

DON DIEGO

Ya el marqués, señor, espera
besar vuestros pies reales.

EL REY

Entre luego y avisad
al conde, porque no aguarde.

Sale Batricio y Gaseno.

BATRICIO

¿Dónde, señor, se permite
desenvolturas tan grandes,
que tus criados afrenten
a los hombres miserables?

EL REY

¿Qué dices?

BATRICIO

Don Juan Tenorio,
alevoso y detestable,
la noche del casamiento,
antes que le consumase,
a mi mujer me quitó;
testigos tengo delante.

Sale Tisbea y Isabela y acompañamiento.

Dans une grande salle de l'Alcázar.

Entrent le roi, don Diego et une escorte.

DON DIEGO

Le marquis, Sire, attend de pouvoir baiser vos pieds royaux.

LE ROI

Qu'il entre sans tarder, et prévenez le comte, afin qu'il n'attende pas.

Entrent Batricio et Gaseno.

BATRICIO

Comment peut-on, Sire, permettre de si grandes audaces, que tes gens outragent les hommes misérables ?

LE ROI

Que dis-tu ?

BATRICIO

Don Juan, fourbe et détestable, la nuit de mes noces, avant qu'elles soient consommées, m'a enlevé ma femme ; j'ai ici des témoins.

Entrent Tisbea, Isabela et leur suite.

TISBEA

Si vuestra Alteza, señor,
de don Juan Tenorio no hace
justicia, a Dios y a los hombres,
mientras viva, he de quejarme.
Derrotado le echó el mar,
dile vida y hospedaje,
y pagóme esta amistad
con mentirme y engañarme
con nombre de mi marido.

EL REY

¿Qué dices?

ISABELA

Dice verdad.

Sale Aminta y el duque Octavio.

AMINTA

¿Adónde mi esposo está?

EL REY

¿Quién es?

AMINTA

Pues ¿no lo sabe?
El señor don Juan Tenorio,
con quien vengo a desposarme,
porque me debe el honor,
y es noble y no ha de negarme.
Manda que nos desposemos.

Sale el marqués de la Mota.

TISBEA

Si Votre Altesse, Sire, ne fait pas justice de don Juan Tenorio, devant Dieu et devant les hommes, je me plaindrai jusqu'à mon dernier souffle. La mer l'a jeté au rivage, tout défait ; je lui ai redonné la vie et je l'ai hébergé ; il a payé mon amitié par des mensonges et des tromperies en se disant mon époux.

LE ROI

Que dis-tu ?

ISABELA

Elle dit la vérité.

Entrent Aminta et le duc Octavio.

AMINTA

Où est mon époux ?

LE ROI

Qui est-ce ?

AMINTA

Enfin, l'ignorez-vous ? C'est le seigneur don Juan Tenorio, avec qui je viens de me marier, car il me doit l'honneur qu'il m'a pris, il est noble et ne peut me renier. Ordonne qu'on nous marie[1].

Entre le marquis de la Mota.

1. Aminta emploie ici deux fois le verbe *desposar.* Voir n. 1, p. 222-223.

MOTA

Pues es tiempo, gran señor,
que a luz verdades se saquen,
sabrás que don Juan Tenorio
la culpa que me imputaste
tuvo él, pues como amigo,
pudo el cruel engañarme,
de que tengo dos testigos.

EL REY

¿Hay desvergüenza tan grande?
Prendelde y matalde luego.

DON DIEGO

En premio de mis servicios,
haz que le prendan y pague
sus culpas, porque del cielo
rayos contra mí no bajen,
si es mi hijo tan malo.

EL REY

¡Esto mis privados hacen!

Sale Catalinón.

CATALINÓN

Señores, escuchad, oid
el suceso más notable
que en el mundo ha sucedido,
y en oyéndome, matadme.
Don Juan, del Comendador
haciendo burla, una tarde,
después de haberle quitado
las dos prendas que más valen,
tirando al bulto de piedra
la barba por ultrajarle,

MOTA

Puisqu'il est temps, Grand Roi, de mettre en lumière la vérité, tu sauras que c'est don Juan Tenorio qui a commis le crime que tu m'as imputé, et ce cruel, se disant mon ami, a pu me tromper. J'ai deux témoins qui l'affirmeront.

LE ROI

Est-il plus grande impudence ? Qu'on l'arrête, et que sur-le-champ on l'exécute !

DON DIEGO

Pour prix de mes services, ordonne qu'on l'arrête et qu'il paie ses crimes, afin que le feu du Ciel ne me foudroie pas pour avoir été père d'un si mauvais fils.

LE ROI

Voilà ce que font mes favoris !

Entre Catalinón.

CATALINÓN

Seigneurs, écoutez le récit du fait le plus notable qui soit arrivé en ce monde et, après m'avoir écouté, tuez-moi. Don Juan, se moquant du commandeur, certain soir, après lui avoir enlevé ses deux plus grands biens, saisit la barbe de la statue de pierre, pour l'outrager,

a cenar le convidó :
¡nunca fuera a convidarle!
Fue el bulto y convidóle;
y agora porque no os canse,
acabando de cenar,
entre mil presagios graves,
de la mano le tomó,
y le aprieta hasta quitalle
la vida, diciendo : Dios
me manda que así te mate,
castigando tus delitos.
Quien tal hace que tal pague.

EL REY

¿Qué dices?

CATALINÓN

Lo que es verdad,
diciendo antes que acabase,
que a doña Ana no debía
honor, que lo oyeron antes
del engaño.

MOTA

Por las nuevas
mil albricias pienso darte.

EL REY

¡Justo castigo del cielo!
Y agora es bien que se casen
todos, pues la causa es muerta,
vida de tantos desastres.

et l'invita à souper. Plût au Ciel qu'il ne l'eût jamais fait ! La statue y alla et à son tour l'invita. Et maintenant, afin de ne point vous lasser, apprenez qu'après avoir soupé, entre mille présages funestes, il lui prit la main et la lui serra jusqu'à lui ôter la vie en disant : « Dieu m'ordonne de te tuer de la sorte, en châtiment de tes crimes. Œil pour œil, dent pour dent. »

LE ROI

Que dis-tu ?

CATALINÓN

Je dis la vérité. Et mon maître ajouta, avant de mourir, qu'il n'avait pas ravi l'honneur de doña Ana, qu'on l'avait surpris avant qu'il ne la puisse abuser.

MOTA

Pour ces nouvelles, je veux te donner mille récompenses[1].

LE ROI

Juste châtiment du Ciel ! Et maintenant, il est bien que tous se marient, puisque la cause est morte, qui vivante engendra tant de désastres.

1. Le texte espagnol utilise l'expression *dar albricias*, donner des « étrennes, présent que l'on fait aux personnes qui portent une bonne nouvelle » (*Nouveau dictionnaire espagnol-français et latin composé par M. de Séjournant*, Paris, 1755). Le mot, seul et sous forme d'exclamation, exprime la satisfaction et les félicitations que l'on prodigue à son interlocuteur. Dans certains cas, on peut le traduire par « à la bonne heure », dans d'autres par « très bien ! ».

OCTAVIO

Pues ha enviudado Isabela,
quiero con ella casarme.

MOTA

Y yo con mi prima.

BATRICIO

Y nosotros
con las nuestras, porque acabe
El Convidado de piedra.

EL REY

Y el sepulcro se traslade
en San Francisco en Madrid,
para memoria más grande.

FIN

OCTAVIO

Puisque Isabela est veuve, je veux me marier avec elle.

MOTA

Et moi, avec ma cousine.

BATRICIO

Et pour nous, chacun sa chacune, afin que prenne fin *L'Invité de pierre.*

LE ROI

Et que l'on transporte le sépulcre à Saint-François de Madrid, pour que tous se souviennent.

FIN

Préface 9
Note bibliographique 17

Jornada primera/Première journée 22
Jornada segunda/Deuxième journée 118
Jornada tercera/Troisième journée 210

Composition CMB Graphic
Impression Maury Imprimeur
45330 Malesherbes
le 17 janvier 2020.
Dépôt légal : janvier 2020.
1er dépôt légal dans la collection : mai 2012.
Numéro d'imprimeur : 242495.

ISBN 978-2-07-044777-0. / Imprimé en France.

365581